U0088224

寧願不說話也千萬別說錯話。
愚蠢的人用嘴講話，聰明的人用腦講話，智慧的人用心講話。

不熟「是要聊什麼？」

7個不讓人抓狂的溝通術

如何與陌生人開始交談

面試時的完美交談技巧

最簡單高效的陌生人社交法則

如何讓老闆賞識自己

職場生存術

讓你說話不白目

WWW.foreverbooks.com.tw yungjiuh@ms45.hinet.net

思想系列 57

不熟是要聊什麼？： 7個不讓人抓狂的溝通術

編　　著　崔英熙
出 版 者　讀品文化事業有限公司
執行編輯　林美娟
美術編輯　蕭佩玲

總 經 銷　永續圖書有限公司
TEL／(02)86473663
FAX／(02)86473660
劃撥帳號　18669219
地　　址　22103 新北市汐止區大同路三段 194 號 9 樓之 1
TEL／(02)86473663
FAX／(02)86473660
出 版 日　2015年05月

法律顧問　方圓法律事務所　涂成樞律師
CVS代理　美璟文化有限公司
TEL／(02)27239968
FAX／(02)27239668

國家圖書館出版品預行編目資料

不熟是要聊什麼？： 7個不讓人抓狂的溝通術 /
崔英熙編著. -- 初版.-- 新北市 : 讀品文化,
民104.05 面 ; 公分. -- (思想系列 ; 57)
ISBN 978-986-5808-96-9(平裝)
1.溝通技巧 2.說話藝術
177.1　　104004042

前言

當你與別人第一次見面的時候，對方的言談、舉止、表情、容貌、服飾等都會在你的腦海中留下鮮明而深刻的印象，對方的一個微笑、一個手勢都會誘發出你的某種情感。這最初的好惡感受，會影響到你在與其交往過程中的情感投入，影響到你們之間的關係。那麼反過來看，你此時此刻的行為表現，在他的腦海裡又會留下怎樣的印象呢？它也將同樣影響到你們之間的交往。

印象是指人在遇到新的情境時，會主觀的按照自己以前舊有經驗來做判斷，將情境中的人或事物進行歸類，而它所形成的對有關人或事物的概念稱為第一印象，亦稱為初次印象，它是指兩個素不相識的人，第一次見面時所形成的印象。最主要的是從對方的表情、姿態、身材、儀表、年齡、服裝等方面印象來做判斷，這種初次的印象對人的整個形象感覺舉足輕重，它往往是以後交往的根據。

所以，能否給別人留下良好的「第一印象」，往往決定著與他人交往的成功與否。那麼，該如何表現才能給別人留下良好深刻的第一印象呢？

儀表是一個人內在思想的表現，它反映了個體內在的修養。優雅的儀表，是展現個性魅力的重要方法之一。服飾的選擇和搭配很重要，首先要整潔，否則會讓對方覺得不夠尊重別人；其次要得體，得體的服飾能達到畫龍點睛、錦上添花的妙用，如果打扮不符合自己的年齡、性別、個性、場合，則難免會產生東施效顰之感。過分的油頭粉面，標新立異，會給人一種輕浮不切實際的印象。一個人的穿著打扮代表著一個人的審美觀，它是影響社交形象的關鍵因素。根據自身條件選擇合適的服裝，既自然、樸素，又能給對方帶來愉快感和親切感，而不加修飾與過分修飾都不足取。

一個人的談吐可以充分表現出其魅力、才氣及修養。首先，談話前須經過思考，信口開河、文不對題會給人一種不實在、不認真和囉唆的感覺。其次，要學會傾聽。交談中要細心觀察和分析對方的興趣和個性，注意耐心地傾聽，隨便插話、東張西望、心不在焉既不禮貌，也會令對方產生不快。其次是，注意表達的藝術，節奏不要太快，語調應抑揚頓挫，有起伏的音樂美感。搖頭晃腦、比手劃腳等不雅觀的動作應儘量避免。另外，用詞要適當瞭解詞意。

最後，要保持真誠、熱情、大方的交談態度，虛情假意、言不由衷，或傲慢無理、口是心非，或躲躲閃閃、轉彎抹角，或貿然發問、多嘴多舌等都會破壞交往的形象和談話的氣氛。

一個人的行為動作常常會將他的氣質、性格表達得淋漓盡致。如果我們想給對方留下良好的第一印象，交往中就應該揚長避短，保持舉止大方、隨和、樂觀、熱情、不卑不亢。粗俗的動作總是令人生厭的，為了要給對方留下好印象，我們平時對站立、行走、就坐及待人接物的姿勢就必須加以訓練。站立時應挺直，彎腰駝背讓人有缺乏自信之感。坐應安詳、沉靜，腿不要翹起、抖動，避免顯得缺乏修養。走路的姿態要自然優雅，待人接物要面帶微笑，注意分寸與距離，特別是與異性的交往，舉止不可輕浮，以避免不必要的誤會。

本書沒有講述玄妙高深的道理，而是以貼近工作和生活的事例，來展現出說話和辦事的完美藝術。針對如何運用說話的技巧進行了較全面而具體的說明。不論你是靜坐下來潛心研讀，還是隨意翻閱做片刻的消遣，本書都會帶給你有益的啟迪。

目錄

Chapter 1 如何與陌生人開始交談

Chapter 2 贏得朋友好感的祕訣

Chapter 3

面試時的完美交談技巧

Chapter 4
不是交際應酬也不是逢迎巴結的職場生存術

Chapter 5

如何讓老闆賞識自己

Chapter 6

最簡單高效的陌生人社交法則

Chapter 7
讓你說話不白目

Chapter 1

如何與陌生人開始交談

開場白是與陌生人交往的前提

想要成功的打開交際之門，獲得知心的朋友。得體的言談是與陌生人成功接觸的基礎，我們可從以下幾個具體的方面來做努力：

一、用「嗨，你好」打開陌生的局面

勇敢地用「嗨，你好」向別人主動問候，往往會收到很好的效果。為什麼用「嗨，你好」這樣簡單的交際語言呢？其一，「嗨」是表示打招呼，人們在長期的人際交往中，已經習慣於說「嗨」聽「嗨」了。其二，「你好」是禮貌用語，看似普通，實則親切，充滿人情味。你主動與人問候，都會得到應和，然後再根據對方的情形和反應決定是否可作進一步的交談。

二、尋找並把握住共同感興趣的東西

在初次的談話中，尋找共同語言，抓住共同感興趣的東西很重要，這樣才會有話可說，才能深入地交往下去。否則，話不投機半句多。並且在交談中，拘謹刻板，循規蹈矩，會使人感到寡淡無味，喪失興趣。應該學會和更多的人談得來，談吐優雅大方，妙語聯珠。同樣是要表達一件事，可是卻會有數種的說法。使用不同的說法就會產生各種不同的效果。

怎樣說才能達到最佳的效果，它需要長期的不斷演練和摸索。我們不妨把談話中遇到的特殊事例簡要地寫下來，再加以研究，相信一定會有所收穫。經過日積月累時間一久，將會感悟到語言的無限魅力和奥妙，當你覺得和許多人都能夠侃侃而談時，你的交際能力便達到了另一種更高的境界。

三、以情感人，以理服人

以情感人、以理服人是與人交際的總原則。情是理之先，理是情的堅強後盾。在漫長的交際場合中，不可避免地會遇到各種麻煩、糾纏甚至侮辱。此時，切忌嗔怒，這會有損於自身的形象，讓對方瞧不起，從而使自己陷於不利的局面。

正確積極的方法就是用「理」作為有力的武器，所謂動之以情曉之以理，就是這個道理。同時，也要戒用「情」過度或者得理不饒人，一切均在適度之中，只要善於駕馭情理，你就掌握了交際的原則，也就能應付在交際中出現的各種情況。

四、利用肢體語言來展現自己的魅力

身體的每一部分都輝映著生活的光芒，散發著對生活的感受。揮手擺手、點頭

搖頭、一顰一笑乃至於穿著打扮，無不向外界無聲地傳遞著自身的訊息。或欣賞或厭惡，或贊成或反對，或歡樂或悲傷，或瀟灑或深沉，無須言語，別人一望而知。和別人交談時，就應善於運用自己的身體語言。

一般來說，從衣著打扮上來看，喜歡穿紅色衣服的人，個性較開朗活潑，感情熾熱；喜歡穿綠色、藍色衣服的人，個性較文靜大方、感情充沛；喜歡穿灰色這一類衣服的人，個性較內向沉穩，感情專一。從神態上來看，面帶微笑的人，表示對交往對象或某件事有好感和興趣；面色沈鬱則表示有心事。像這樣的神態有許多，如回眸一笑、留戀的目光、專注的神情等等，不一而足。

使用身體語言要讓對方明白你的意思，切忌模稜兩可、含含糊糊，也不要過於直接。表達不清，往往會讓別人產生誤會；太過直接，別人則會認為你很輕浮。

三個最適用的開場白

想要對方開口與你進行良好的交談，有很多的方法能夠控制場面，但按其重要程度來排列，第一個是人的姓名再來是職業第三個是嗜好，以上這三個是最適用的開場白。

一、記住對方的姓名

對初次見面的人來說，記住對方的姓名這是全世界最重要的，因此你只需說：「你的名字真讓我好奇，你能告訴我是誰幫你取的？它有什麼特殊的涵意嗎？」這樣的開場白絕對能夠讓你們的交談取得意想不到的良好效果。

哈里‧貝洛斯是一處苗圃批發行的地區銷售經理。他們公司多年來一直試圖想要與一個叫彼得‧梅諾斯基的大零售商合作。已經有好幾個推銷員都找過他，但都沒有結果。最後總裁把哈里叫來，讓他為此跑一趟。

貝洛斯做的第一件事，就是叫每一個推銷員去調查梅諾斯基先生的喜好，每個人告訴他的都一樣：梅諾斯基先生特別在意自己名字的發音和拼寫。

因此，貝洛斯到圖書館查梅諾斯基一名的民族起源，之後才去拜訪他。

剛剛被帶到辦公室，貝洛斯就說：「我很早就想來訪您了，梅諾斯基先生，我一直對姓名的民族起源很感興趣，這是我的一種嗜好。目前我知道您的名字源於斯洛伐克語，但我沒能查到它的意思是什麼。我知道您的第一個字『彼得』的意思是可靠、可信賴，但字典上卻查不到您的姓是什麼意思。您能告訴我嗎？」

梅諾斯基先生盯著貝洛斯說：「你怎麼知道我是斯洛伐克人？你怎麼知道我不是波蘭人？所有的推銷員好像都認為我是波蘭人！」

「因為您的名字。」

「天哪！你真聰明，」梅諾斯基說，「我想我願和你做生意。」

後來，他跟貝洛斯講了他父親到美國時身無分文，舉目無親，還談了一個多小時他的家庭背景，他父親的祖國，他的嗜好和興趣。

然後，貝洛斯帶著迄今為止，從苗圃零售商那裡得到的最大訂單離開了。從那時起，梅諾斯基就成了他們的固定客戶。

二、瞭解對方的工作性質

你只需說：「我一直對您的職業很感興趣，您能告訴我一些有關您的職位和您所做的工作的情況嗎？」這通常足以讓對方滔滔不絕地講上整整一個鐘頭或更長時間。有一次，戴爾讓一位年輕的電腦程式工程師向他解釋自己的工作，他告訴了戴爾有關電腦的很多事情。戴爾都快要被那些專有名詞給淹死了。事實上，你很可能像戴爾一樣得到許許多多的資訊，但這時候一定要有耐心，記住你的目標是為了支配和控制對方。

三、關心對方的嗜好

多數人都有某種業餘嗜好，或是打獵，或是垂釣、打保齡、高爾夫、園藝、音樂等等。大部份，人們的業餘嗜好通常和自己的職業一樣，都是專家。他們通常都愛談論其嗜好，如果想成為他們的摯友，只需問問他們的嗜好即可。

在與人初次見面的時候，最佳的談話方式就是把你的話題從自己身上轉移到對方感興趣的話題上，這樣你們就能夠很容易地交談下去了。

掌握溝通上的態度和行為技巧

許多人在溝通時，盲目地堅持己見，結果把溝通搞得像一場概念爭論，若只想贏得屬於自己的利益，把溝通放在一邊置之不顧。這樣，對於看法不同的人，在同一個觀點上也許就會噤若寒蟬，覺得受到了傷害，只好把溝通的門關上。要記住，觀點不同，並非不正確，從對方的角度看一看也就可以明白了。

在交談中，人們相互觀察彼此的態度、行為、眼神，是為了做強弱判斷。一個人若要使溝通順利，就得在態度和行為上掌握分寸。

一、正確的態度

在心理狀態上要和他人平起平坐，不要過於高估計自己，也不要一味地抬舉他人。既然你和他人正在溝通，就要信任他的誠意和能力，相信他的智力水準絕不比自己低。哪怕面前坐著的是乞丐，在他某一方面也有自己的長處。

二、正確的行為

在溝通時，應該認真地傾聽，這是每一本溝通技巧書藉內所倡導的也是最基本的一項原則。在傾聽中瞭解他人，就等於為他人傾聽你時打下了良好基礎。在相互傾聽的行為中，力爭求同存異，你會發現在求同的同時，相異的觀點常常會不自覺地彼此融合，變成了相同點。

正確的態度和行為，可以輕而易舉地解決掉自私的問題，溝通就變得更容易。懂得這個道理，我們就會在溝通中掌握住分寸。能夠顧及他人的觀點，相處就會更融洽。你不再因自私而表現出武斷，而是與人商量，彼此都有參與感。相異的看法就可以經過認真的推敲，最終得到雙方都可以接受的共同點，達成共識。要記住溝通的對象是人，而不是語言，言談只是一種途徑。

彼此關係融洽時，幾乎不說話也能心意相通。一個手勢、一個眼神就能傳達完整的意思。說錯了話也不要緊，彼此笑一笑，依舊能理解話中的意思。有時候，真讓人感到奇怪，明明是一句牛頭不對馬嘴的話，對方卻能聽懂你真正的用意，為什麼？因為心意相通，當然如此。相反，彼此關係惡劣時，千言萬語也等於一句話也沒說，障礙依舊是障礙。

溝通就是為了要建立彼此之間的關係。溝通時，應以關係為重，雙方情緒相互抵觸時，一定要推敲自己語言中的字眼，避免讓他人難堪和受辱，同時避免被誤解。溝通的語言就是不斷地翻譯，將你傾聽他人說的，翻譯成他人所想的；同樣，他傾聽你的話，把它譯成你想的。雙方情緒相互抵觸就會出錯，猶如把日語當成法語用。溝通能力有兩個相關聯的部分，一是外在技巧，二是內在動機和心情。要在溝通上取得長足進步，能夠在需要時，輕易的寫出能夠幫助你的八個人，你就必須內外兼修。

溝通的技巧也需要實際訓練。猶如一個球迷，看球看得津津有味，真的要他去踢兩腳，就不行了，因為缺少技巧上的訓練。在生活中，很多人忽視溝通的技巧，甚至根本不學。有的人學了一些技巧，但是不用。如果有人和他人交談時用了對方學過的技巧，對方心裡就會想：「你這小子別耍花招了，這些虛偽的作法我都知道。」這樣輕視溝通的技巧，卻又想要有良好的溝通技巧是很困難的。外在的技巧是為了內心動機而來的。彼此內心動機吻合時，就是所謂的心靈交流。

溝通時，人要保持內心穩定，而且內心目標要一致，但並不是說不可以隨機更改。你要時刻關注正確的觀點，觀點的恆定有賴於對自我的控制，從而有效地放棄自私。在重要問題上，仔細地傾聽他人的談話，領會詞句的真意，時刻讓正確的觀點，來恆定平靜自己的思緒。我們可在認可他人的觀點下，改變或修正自己的觀點。如果觀點缺乏恆定性，就會擔心改變可能帶來不利的影響，而明知有錯卻要一意孤行。觀點的恆定是不受他人影響的重要價值觀。

有一種隱患可能會嚴重誤導溝通，它來自內心，而且會使外在的技巧失靈。這就是一般人老是在事前預測結果，如果結果對自己有利，溝通就容易，如果預測結果對自己不利，就會帶著情緒去溝通，整個溝通過程都試圖扭轉或贏回假想的損失，而不能把注意力放在溝通的身上，從而使溝通受阻，到後來果然印證了自己的想法。

要使溝通順暢，就必須嚴格的把握住溝通的動機和溝通的內容，彼此都要學會用恰當的語言表達技巧。在充滿情感氣氛的環境裡說話，更容易交心。人們首先是用心去感受，然後才用耳去聽。既然彼此交心，耳朵就僅僅是傾聽的仲介。

如果預先預測結果，就很容易會有保守立場的心態，心理也會盡力排斥他人對保守立場的靠近。如此，則將失去瞭解他人的耐心。不能先瞭解他人時，自己的表達也會有所保留，畏懼表露出自己的觀點。

要把自己表達清楚，就要先瞭解別人，也就是知己知彼。溝通的最佳境界是彼此都渾然忘我，彼此全神貫注、完全投入，都能夠超越自私，放下固執的包袱，都從對方的角度來看問題。這需要有足夠的正確觀點來相互支持，否則，兩者之間就不存在溝通，而是其中的一方在不經意間做了對方的俘虜。

溝通就是追求彼此之間的認同。認同需要勇氣、耐心和正確的觀點。勇氣使你能捨去自己的執著，從他人的立場去理解問題；耐心使你認真傾聽，接受他人的意見；正確的觀點是要使自己不至於受他人情緒牽引，不會人云亦云。認同就是你願意接納他人，他人也願意接納你。

在目前的溝通現象中，以保守型的溝通佔大部份，人們大多不願意敞開心扉，而使溝通變得像被迫接受一樣難於忍受。一遇上溝通，便緊張起來，全身防衛系統警報連連，好像準備打擊來犯之敵，在主觀意識上老是防範他人有利可圖，害怕他人把意志強加到自己頭上。這樣一來，缺乏溝通好像是保護了自己，但事實上卻是把自己的路給堵死了。

不要以為你永遠是正確的。生活中的法則在很多方面都不止一種，不能簡單地歸結為對與不對，那是學生的答案。最重要的是要做出最佳的形勢判斷，客觀地分析溝通的條件和現狀。

與陌生人進行良好的交談

從某種意義上來說，談話是一種表現自我的形式。人們可以在談話中表達自己的思想感情，發表對事物的看法和觀點。但是，僅僅把談話解釋為「表現自己的內心世界」是片面的。最好的談話是意味著資訊的交換、興趣的分享和思想的交流。談話具有兩種重要性——一是給予和獲得，二是行動和反應。同時它又是多方面的——許多人思想的交流。

一、避免兩種錯誤的觀念

在與陌生人交談中，如果你感到尋找話題很難，那麼問題很可能出在你對談論什麼話題的看法不對。錯誤的看法有一種是很不尋常的事才值得一談。例如：你絞盡腦汁地想那些驚天動地的爆炸事件和令人捧腹的大笑話。是的，這些確實是人們樂於聽和談論的，但是，我們不也是在許多愉快的傍晚，談論著日常生活，譬如：送孩子上學、採購蔬菜、歡度節日這類話題嗎？因此，即使你未曾有過不尋常的經歷，也不必緘默不語，平凡的生活仍會提供你大量的話題。記住：別人也大都是對日常生活的事情感興趣。另一種偏見是話題必須高雅而有學問。的確，人們會談論相對論、原子結構，但人們最常談到的是他們的生活和愛情，吃喝和天氣。所以不要認為，只有你研究數月的東西才適於談論。

二、尋找適宜的話題

事實上，什麼都可以談論。你可以談論烹調、編織、時裝、傢俱、親戚朋友、體育運動；你可以討論書籍報刊、戲劇電影、時事新聞、國家政治；你可以講述故事軼聞；你可以談談你得到的新思想和新觀點，而你對這些思想和觀點的看法則比這些思想觀點本身更重要。人們談話的目的之一，是拿自己的思想與別人比較。當他發現自己的觀點與你一致時，他將感到無比溫暖；而不一致時，也會感到清新愉悅。因此，不必顧慮別人認為你圓滑而不敢表示同意；也不要擔心會產生分歧而不敢表示反對。如果你不能像別人一樣，對某件事說出很好的看法，也不必緘口不言。即使你覺得國際會議上的演講家講的都是白癡的話，也完全可以大膽地發表自己的看法，只是在表示看法時語氣要友好。有些人喜歡提有批判性的話題，以致引起熱烈的討論和激烈的爭吵。不過提這種話題必須慎重，最好是等到「知己知彼」後再進行。當你提出一個話題時，要確信自己對它有所瞭解，但這並不意味著要很有研究，只不過要較熟悉罷了。如果你才剛學了一次溜冰的話，最好就不要大談怎樣進行花式溜冰，因為在座的也許有高手；所以，談談你對溜冰的第一印象和第一次跌倒的情形可能會好得多。

三、避免不適合談論的話題

相比之下，不適合談論的話題比可談論的話題要少得多。一般說來，對一個陌生人談論你的私生活是不適合的；不要對一般人談論你親人和朋友的缺點；不要對不喜歡某本書的人大談該書的情節。而如果因為你的關係，使宴會沉浸在陰鬱的故事之中，那麼你再被邀請的機會就少了。

四、積極尋找和提煉話題

如果你感到話題有限的話，那就儘量找些新的。

你每天閱讀報章雜誌、聽廣播、看電視，你對顧客、營業員、大學生、家庭等頗有興趣，這些都是談論的話題。當你在報上看到某個喜愛的專欄時，用心去記住它。當你在演講中聽到某個你喜歡的句子時，也記住它。在這些資料的基礎上，建立自己的話題庫，還可做些筆記和卡片。當記憶猶新的時候，提煉這些資料，向家人和朋友談論它們。如果你用這種辦法不斷的去發現和提煉話題，就永遠不會感到無話可說。

五、讓自己充滿勇氣

有些話題本來你是可以說得很好的，但你總是缺少勇氣。這或許是你總把自己和某一位健談者相比，而自歎不如的緣故。如果真是這樣，下次談話時你就先認真當好聽眾，注意別人在談論什麼以及怎樣談論，比較每個發言者的成功和失敗，並分析原因。下一次，也不直接發表言論，只是提問而已，儘量把別人都吸引到問題上來，分析別人的發言。再下一次，只發表一種意見，注意別人的看法，和自己的看法進行比較。最後，你就可以放開談論了，你一定會對自己的進步感到驕傲。

六、多瞭解別人

很多人在與陌生人交往的時候，往往能夠侃侃而談，但卻並不一定能使他人感到興趣，有時甚至會令人反感，這很可能是因為他對與他交談的人缺乏瞭解。

想要使談話的內容多元化，而且不影響彼此之間的思想交流，與老朋友在一起這不成問題，因為我們都清楚彼此的愛好和興趣。但是與陌生人在一起，困難就出現了，因為我們並不清楚對方的興趣。接著讓我們看看怎樣才能輕鬆愉快地與同陌生人談話：如果你有事要會見一位陌生人，儘量先從朋友那裡瞭解一些對方的情況，重要的是他的職業和興趣。當你走進陌生人的家裡時，只要細心觀察，就能找出幫你瞭解主人的線索，比如他家裡掛什麼畫，看什麼書等，如果你不喜歡他們的古董，就不要談論它們，找出那些你讚賞和有興趣的東西做為話題。特別留意他人向你介紹陌生人時的話語。例如，當聽到「卡爾先生剛從中東回來」時，你可提一些關於中東時事方面的問題，或者請他談談他在那裡的工作，或者僅僅表示有機會聽到那個遙遠國家的消息，感到非常高興。這樣，或許可以很快的加深你對對方的瞭解。談談你自己的情況，這可以引導別人談他（她）自己的情況。可以問問對方私人方面的但又不太過分的問題，不過很顯然地不能問對方的薪水。

如果主人在鋼鐵廠工作，你就可以問別的客人「你也在鋼鐵廠工作嗎？」如果是，你就可以表示興趣，進一步提些問題；如果對方回答你他正在做的工作是什麼，你就可以從這兒談起。

陌生人講的頭幾句話，往往是能使對方感興趣的話題，要特別注意。對方也許比你更緊張，你就跟對方談一些輕鬆的話題。留意對方語氣、表情、手勢的變化，他們什麼時候興致勃勃，什麼時候興味索然。要讓自己的談話隨機應變。

對陌生人要避免可能會引起爭論和批判性的話題。

主動與陌生人說話的技巧

不久前的一天，羅賓坐在紐約附近一家飯店舒適的大廳中，正集中精神地安排著曼哈頓之行。他拿起金色的咖啡壺為自己倒上一杯咖啡，突然，羅賓發覺身後有個人似乎正對自己說著什麼，然後又走到了他的右邊。他側過身，看到一個陌生的面孔。旁邊也沒有其他人，陌生人肯定是在對他說話。

「您說什麼？」羅賓問道。

「笑一笑！」

「什麼？」

「笑一笑，今天是個美好的日子！」陌生人一個字一個字地說。

「什麼？」羅賓再次問道，並帶著不可思議的神情。

「笑一笑，這是個美好的日子！」陌生人說道，語氣顯得更為鄭重。

「什……麼？」羅賓幾乎說不出話來。他無法理解對方所說的這些話，這有點荒唐。羅賓覺得對方說的和自己沒有什麼關係。他滿腦子都是自己的行程計畫，如公車到站時刻、公車路線和離目的地最近的站點。

羅賓站了起來，嘴裡又蹦出了一句「什……麼？」那人不再大聲說話，走開了。羅賓注意到了他的識別證，這才明白對方參加了他前天所發表的演講會議。

羅賓想，他可能認為他是認識我的。他想透過告訴我笑一下的方式，與我聯絡感情，好像我的臉部表情就應該變一下似的。他好像能夠知道我的想法和感覺，好像可以評價我，好像這樣就可以拉近我和他的關係，好像給我下定論就是聯絡關係的一種方式。

這個要求我微笑的陌生人是不是以為，他已經或是能夠和我建立起親密關係了，因此他可以告訴我該如何去做？他認為他和我關係親密，所以透過某種無害而逆向的方式，他可以明白我內心的想法？

儘管沒有什麼危害，但對於這種方法羅賓不敢苟同。對於陌生人，甚至是那些他非常熟悉的人，羅賓從來沒有隨便要求他們笑一笑。

恰好在第二天的早上，在同一家飯店，發生了另外一件有趣的事：

羅賓正在餐廳裡吃早餐，看著報紙，距離他不遠的地方有人離開了桌子。非常奇怪的是，像前一天早上一樣，羅賓突然聽到後面有人在對他說話，但這次對方是走到了他的左邊。

「您說什麼？」羅賓問道，並抬起頭來，與一個陌生人的眼光相遇。

「你看得太多了。」他說道。

「什……麼？」羅賓帶著比前一天更加難以置信的口氣問道。

「你看得太多了。」對方有些尷尬地重複道。

「什……麼？」羅賓又一次問道，他努力的想瞭解這個陌生人話裡的意思。

陌生人似乎有些局促不安，嘴裡咕噥著諸如「它們已經過時了」和「不要相信它們」之類的話。他也戴著識別證，很顯然地他也聽了羅賓的演講。

對方試圖透過告訴羅賓「看得太多了」來與他溝通——好像羅賓的所作所為很過分，似乎他們是那麼的「親密」：對方熟悉羅賓的想法、感覺，甚至瞭解他的閱讀習慣，知道他應該做什麼，似乎對方能夠對他下定義。似乎給他下定論就是一種溝通的方式。

如何解釋這些奇怪的交往方式呢？在這兩個例子中，別人還沒有瞭解羅賓的想法，就開始對他的內心想法說三道四。因此，沒有得到羅賓積極的回應。

一些不自知卻又自以為是好意的人想與我們交往時，他們可能反而會被我們拒於門外。因為當這些人試圖與我們接近、交談或者認識我們時，他們會以逆向的方式與我們接觸。

人們一旦開始給我們下定論，他們就會與我們疏遠。只有當他們向我們做自我介紹，或是詢問我們的情況時，他們才能走近我們。就這樣，我們開始瞭解他們，他們也開始瞭解我們，這是唯一有效的方式。例如，那個說「你看得太多了」的人如果這麼說：「不好意思，打擾你一下，我是……我聽了你的演講，我想知道……你有時間嗎？」羅賓就會和他好好地交談。可見，成功地搭訕是發展良好關係的基礎。那麼該如何具體的和陌生人搭訕呢？

一、大眾化話題

面對眾多的陌生人，要選擇眾人關心的事件為話題，把話題對準大家的興奮中樞。這類話題是大家想談、愛談、又能談的，人人有話，自然能說個不停了，以致引起許多人的議論和發言，導致「語花」飛濺。

二、即興引入

巧妙地借用人、時、地的某些材料為題，借此引發交談。有人善於借助對方的姓名、籍貫、年齡、服飾、住家等等，即興引出話題，這常常能取得好的效果。「即興引入」法的優點是靈活自然，就地取材，其關鍵是要思維敏捷，能做由此及彼的聯想。

三、投石問路

向河水中投塊石頭，探明水的深淺再前進，就能有把握地過河；與陌生人交談，先提一些「投石」式的問題，在略有瞭解後再有目的地交談，便能談得更為自如。如在聚會時見到陌生的鄰座，便可先「投石」詢問：「你和主人是鄰居呢還是同學？」無論問話的前半句對，還是後半句對，都可循著對的答話聊下去；如果問得都不對，對方回答說是「同事」，那也可以繼續談下去。

四、循趣入題

問明陌生人的興趣，循趣發問，就能順利地進入話題。如對方喜愛象棋，便可以此為話題，談下棋的妙趣，車、馬、炮的運用等等。如果你對下棋略通一二，那肯定談得更投機。如你對下棋不太瞭解，那也正是個學習的機會，可靜心傾聽，適時提問，借此大開眼界。

引發話題的方法很多，諸如「借事生題」法、「即景出題」法、「由情入題」法等等。可巧妙地從某事、某景、某種情感，引發一番討論。引發話題的重點在引，目的在導出對方的話題。

五、適時切入

看準情勢，不放過應當說話的機會，適時插入交談，適時的「自我表現」，便能讓對方充分的了解自己。

交談是雙方互動，光瞭解對方，不讓對方瞭解自己同樣難以深談。陌生人如能從你「切入」式的談話中獲取教益，雙方會更親近。適時切入，能把你的知識主動有效地獻給對方，實際上符合「互補」原則，奠定了「情投意合」的基礎。

六、借用媒介

尋找自己與陌生人之間的媒介物，以此找出共同語言，縮短雙方距離。如見到一位陌生人手裡拿著一件什麼東西，就可以說：「請問這是什麼？……看來你在這方面一定是個行家。正巧我有個問題想向你請教。」對別人的一切要顯示出濃厚的興趣，透過媒介物引發他們表露自我，交談也會進行的更順利。

適當地貶低自己來捧高對方

在一些特定的時間和場合，如果不方便對他人表現出真心的讚美。在這種情況下，不妨換個角度來表達，甚至還能夠遠遠超過所期望的效果。這個訣竅就是「貶低自己」。適當地貶低自己，也能相對地捧高對方。即使是「不擅言辭」或「不善於稱讚」的人，也能輕而易舉地使用這種方法，達到捧高他人的目的。

比如說，當我們參加某商店開幕的慶祝會時，即使那是一家不怎麼樣的商店，我們也要依場合的不同來為慶祝會增添一些喜氣。我們可以貶低自己，捧高對方地說：「這家店看起來真不錯，室內的裝潢也很講究。不像我經營的那家店，門沒做好，窗戶也是一大一小的。」這樣將對方和自己作具體的比較，並技巧性地批評自己略遜對方一籌，對方將因被人高捧而興起優越感，而他心中的驕傲自是不可言喻。相反地，如果以輕視的口吻對主人說：「店裡的櫃檯如果可以再寬一點可能會比較好。你們下次整修時可要記住啊！」

對方在慶祝會上，聽到這樣毫不客氣的批評，一定會大感不悅，從此對你產生敵意，這就是不諳人情世故所要承受的惡果。日本有位國會議員，常對別人說：「我僅有小學畢業的學歷。」但事實上他卻擁有高學歷，他之所以貶低自己，無非是要使別人在心理上產生平衡感，讓別人覺得輕鬆。我們不妨利用這「貶低自己」的訣竅，來捧高對方的地位，達到感情投資的目標，如此，成功便離你不遠了。

與他人初次晤面時，在雙方互相不瞭解的情況下，彼此心中可能都會提高警覺，談話也總是不起勁，因此常會發生「嗯！嗯！」這種尷尬又不自在的附和性對話。這時，不妨以自己的失敗經驗當作話題。即使是不擅高捧他人的人，也能因此而達到貶低自己高捧他人的效果。當你聽到對方說「我前天做了一件丟臉的事情」時，想必你會浮現出微笑，心情輕鬆地聽他繼續說下去。

炫耀自己只會引起別人的反感，而談及自己的失敗經驗，不但會增強對方的自信心，更能因此打開對方的心扉，讓對方坦然地接受你。所以，先貶低自己再與他人談話，實在是博得他人歡心的聰明策略。

不要把他人當「機器人」

心理學教授坎貝爾說：「我始終不明白，為什麼要有機器人這個說法。我認為應該把機器人稱為機器鬼，這樣就不至於把機器和人攪和在一起。反正機器人這個說法令人覺得彆扭。」

不要以為他人是機器人，可以任由你想怎樣操縱就怎樣操縱。只有學會尊重他人，意識到對方也擁有充分的潛能，能夠從他人的角度瞭解問題，才具有真正意義上的溝通。溝通永遠沒有完美的技巧，但經由技巧的交流卻可能有完美的結果。這也是果實優於枝條的道理。

溝通是彼此之間的事，一個巴掌拍不響。當你運用技巧時，別人也會運用技巧。當然，溝通是有目標的，你可以使自己的願望處於優勢，並且盡可能達到這個對自己有利的結果。但這多少會有些一廂情願的感覺，因為別人也會運用技巧，彼此力量的消長會有一個合適的平衡點，那是雙方可以接受的結果。溝通若能達到這個目的，雙方應該都會感到滿意，雖然這個結果可能跟你渴望的結果有所差別，但也應該坦然接受。

既然他人不是機器人，他人理所當然，應該受到你的尊重。而尊重他人的妙招應該算是暗示吧？暗示就是為了保全他人自尊時，所採取的一種比較含蓄的間接指責或指使他人的方法，也就是間接地讓他人做出你希望他做的事。暗示可以成為他人行動的動力，他們在接受暗示時，已經感受到了受尊重的感覺，就會主動幫你達到你渴望的結果。暗示可以讓人心甘情願地和你溝通。

世上每一種語言都有其特殊的美，這當中都有很漂亮的語法。溝通也是一種語言交流，漂亮語法的運用就很合適。

當然，漂亮語法絕不是指濫用形容詞之類膚淺的玩意兒。它的的確確是一種語法，它將各種詞語巧妙地運用，不僅僅限於形容詞。

「然後……」「這時……」等等語法可以給人流暢感，他人就容易順應你的思路，啟承轉合之間，溝通已經驅向圓融。使用「因為……」「所以……」等等語法，則給人很講邏輯，很講道理的感覺，他人就會心服。有誰願意跟一塌糊塗蠻不講理的傢伙打交道呢？

語法是有玄機的，成功地運用玄機的語法都是漂亮的語法。在漂亮語法當中，先尊重對方的態度，然後，說出自己的要求，只要語法得當，就算前後矛盾，對方也不會覺得受到傷害，可以接受你的觀點和建議，並願意合作。在溝通時，先接納對方的觀點，然後再改變他人的觀點，這也是一種尊重他人的好辦法。在生活中，人的觀點是多樣化的，紛繁複雜地圍繞在你周圍。這些觀點有容易理解的，也有摸不著頭腦令人難以把握的。觀點是容易衝突的，人都不願放棄自己的觀點，所以，溝通時不要破壞對方的觀點，只能悄無聲息地影響他人的觀點，讓它往自己的人生觀靠攏。影響他人的人生觀，可以採用遊戲性質的做法，讓別人感覺不到嚴肅的壓力，因為人生觀可是個嚴肅的大問題。我們的身體是有語言的，我們的動作往往可以暴露出我們的心情。所以，在與他人溝通中，對他人的動作應該敏感的去看待，因為這樣可以讓你更佳的瞭解對方。

如果與人交談時，你做低頭深思的動作，你的身體語言就告訴對方，這個問題你有疑問，這比直接打斷他人的談話更加有效，不至於立刻和對方抵觸。他人一定會問：「有什麼不懂嗎？」這樣由他人自己中斷談話的進程，可以有效地保護他人的自尊心不受到傷害。如果想中斷談話，急於去做其他的事情，你可以不停地偷看手錶。手錶有時候可能就是心理時間的外殼。他人會問：「有事嗎？你可以先走。」這樣，你就可以很有禮貌地全身而退。

身體語言的運用很講究空間。在寬敞的房間裡交談，彼此可以做到公平。但要達到親密關係的程度，還是狹窄房間較好。談話時中間不隔著桌子更容易讓彼此的關係更加接近，而距離上的接近也會造成精神上的接近。

身體語言也可以保全自己的尊嚴。遲到時氣喘吁吁地表現出著急趕來的樣子，他人便會顯得容易原諒你的遲到。

世上總有很多人喜歡表現自己的能力和能耐，在他們眼中，總是覺得自己比他人更強。這種人的確令人很討厭，但你可以利用這個缺點。他們喜歡表現就給他們表現的機會嘛！

最簡單的辦法就是，在他們面前故意表現得笨手笨腳，他們會嗤之以鼻的走過來說：「真是差勁，讓我來！」於是，他們就自己動手做起來。這個方法小孩都會用，更何況是成人。

表現出很謙虛的樣子向他人去詢問或求教，他人是不會對你不理不睬的，說不定還會一邊做一邊教你呢！

與陌生人說話要恰倒好處

與陌生人說話的時候一定要講究分寸和水準。那麼這個「水準」主要是表現在哪些方面呢？一是說話時無法清楚地表達你所想要說的意圖，別人可能聽不出，也無法理解更琢磨不出你的真實用意，以致於你提出的想法或要求也不會被人重視和接受，非但事情辦不成，還常常被人瞧不起，這樣怎麼能得到別人的欣賞呢？怎麼能贏得別人的友誼和器重呢？二是話說得太過頭也不行，要求太高，言辭太尖酸刻薄，讓人聽了不愉快，覺得你不識大體，不懂規矩，不知好歹，這樣的人常常被人敬而遠之，也同樣無法與人正常交往。講究分寸是一種很重要的說話藝術，說話是否有分寸，與我們辦事成敗有著很大的關係。

一、說話要注意自己的身份

任何人在交談時，總是在以一定的身份向別人表達自己的思想感情。想要使彼此的溝通達到理想的效果，除了要有主題意識外，還要有自我身份意識，也就是說話要得體，言語形式的選擇要符合自己的身份，保持自我本色。例如以下級的身份向上級彙報工作進度時，當持敬重的態度，注意措辭的嚴謹性和應有的禮節性。與同輩親友交談，則以親切、自然為宜，不宜過於「一本正經」，否則便有故作姿態之嫌。說話不得體，不注意身份，聽的人總感到不是滋味，甚至引起反感，這就必然會影響到交際的效果。說話形式的選擇要符合自我角色的身份，就應做到以下幾點：

①角色身份要與稱謂、語調相合

身份在話語交際過程中是最先出現的，我們稱它為稱謂，它有對他人的稱謂和對自己的稱謂這兩種。身份在交際過程中是最先表現出來的是說話的語氣。據說有一位在全國頗有影響力的企業家，在一次代表本廠與另一家廠商的廠長洽談業務時，姍姍來遲。且一見面就一本正經地說：「我實在忙得不得了，只能用一點時間接見你。」此話一出，舉座皆驚。對方廠長的心裡更不是滋味，一筆幾百萬元的生意，便一語告吹。廠家洽談生意，雙方的地位是平等的，姍姍來遲便是不禮貌，而「我實在忙得不得了」、「接見」等語氣的潛藏訊息則是：傲慢和盛氣凌人。

②說話形式的選擇要與場合相適應

言語交際必須注意言語行為的時空性。不同的交際場合要有不同的言語表達，不可將言語表達的基本原則變成死板板的程式。

二、介紹自己要注意場合和目的

自我介紹是人們在社交場合中的一種方式。由於交際的目的、要求不同，自我介紹的繁簡分寸也應該有所區別。在有些情況下，自我介紹的內容很簡單，只要講清姓名、身份、目的、要求即可。例如某建築公司採購員到某鋼廠買鋼材。他一進銷售部門，就對坐在辦公桌邊的一位先生說：「您好！我是某某建築公司的採購員，來向貴廠購買圓鋼，希望你能幫忙。」說著掏出名片。那位先生接過名片看一下，趕忙說：「我叫李來順，是廠裡的推銷員，我們坐下來談談。」透過這樣一番簡單的自我介紹，鋼材貿易的大門打開了，洽談有了一個良好的開端。

在另外一些情況下，自我介紹的內容就需要較詳盡了，不僅要講清姓名、身份、目的、要求，還要介紹自己的經歷、學歷、資歷、性格、專長、經驗、能力、興趣等等。為了取得對方的信任，有時還得講一些具體的事例。近幾年來，許多企業招聘人才。受聘者要做的第一件事就是向招聘單位的負責人，作詳盡的自我介紹。下面是許某某的自我介紹：

「我姓許名叫某某，某某大學機械系畢業。一九九一年起，我在某某汽車製造廠當技術員，負責產品品質量檢測。二〇〇〇年晉升為工程師。這些年來，我一直在研究國內外關於機械加工方面的先進技術，對汽車油泵的種類、規格、型號、品質、製作流程以及銷售情況都很熟悉，也有管理的經驗。我今年三十歲，正是年輕力壯的時期，很想發揮自己的專長。只要公司能給我機會，我相信我能夠勝任這份工作的。我這個人做事果斷，勇於負責。只要給我十天的時間，我就能熟悉公司裡的作業流程，做出公司所希望的理想業績。」這個自我介紹就比較詳盡、有力，因而贏得了招聘公司的信任，為後來的錄取率創造了有利條件。

什麼情況下作簡單的自我介紹，什麼情況下作詳細的自我介紹，這沒有特別的制式規定，只能視具體情況而定。一般來說，以聯繫工作為目的的自我介紹，宜簡；以用人交友為目的的自我介紹，宜詳。

三、話如其人，忌誇誇其談

樸實無華的語言是最能夠表達真摯心靈的，也是美好情感的表現，因而，語言的樸素美來自相互的處事態度。話如其人，言為心聲，平時為人處世質樸真誠，說話也就自然不會扭捏做作。古語說：「其行也正，其言也實」，正是說以真誠的態度為人，永遠是語言樸素美的前提。語言的樸素美貴在保持個性，該怎麼表達就怎麼表達，或嚴肅，或幽默，或直率，或調侃，或委婉，只要是發自內心，保持本色。有的人開口「當然」，閉口「絕對」，武斷得驚人。這樣，別人就無話可說了。有人說，武斷是交談的毒藥，這話一點也沒錯。誰也不願意和這樣的人多談幾句。即使同一個詞，修飾後也有程度上的差別，如「一切」、「根本」、「多數」、「一些」、「凡是」，要根據實際來選擇，萬萬不能掉以輕心。把「部分」說成「一切」，把「可能」說成「肯定」，這樣就會使自己陷入被動，實際上是一種「虛張聲勢」，說了會碰釘子的。

當然，強調「語言的樸實無華」不等於反對含蓄。說話的含蓄是一種藝術。把重要的、該說的部分故意隱藏起來，或說得不顯露，卻又能讓人家明白自己的意思，這就是所謂「只需意會，不必言傳」。所以說，含蓄的說話是一種藝術，是因為它表現出說話者駕馭語言的技巧，而且也表現了對聽眾想像力和理解力的信任。如果說話者不相信聽眾豐富的想像力，而把所有意思全盤托出，這種詞意淺陋、平淡無味的語言會使話語遜色，甚至使人生畏。

我們推崇的語言技巧是「言有盡而意無窮。」

Chapter 2

贏得朋友好感的祕訣

選擇品性良好的朋友交往

人與人之間的交往是最基本的社會需求之一，交往能夠使人得到更多的資訊和產生更多的興趣、愛好。例如，它能推動一個人去學習和模仿其他人的優點；但交往也有能引起反面的作用，這一點在青少年的群體中表現的最為明顯。

如果在選擇朋友方面很隨意，相互關係也不太協調，在一起經常談些低級趣味的「資訊」，這樣的交往就不是令人歡迎的。進行真正有價值的交往應注意哪些問題呢？

一、在語言與行動上都應該積極主動，表現得平易近人

豪高爾基勸誡人們說：「任何時候都不能用傲慢的態度對待別人，即使認為對方的缺點多於優點。」在交往中經常會碰到對別人的態度問題。態度傲慢、居高臨下的人很難與人交往；與此相反，那些善於發現別人優點的人則廣交好友。這是建立良好關係的條件。人們的交往應該是主動的，這種主動性不僅僅是表現在語言上，而且要表現在具體的行動中。

二、要從實際情況出發去理解別人

偉大的作曲家貝多芬，在失去聽力以後曾這樣描寫過不理解他厄運的人：「你們認為我是個凶狠、精神失常的人，或者是個仇視世道的人……但你們並不瞭解，由於一些世人所不知的原因，我才成為你們想像的那種人，我該怎麼向你們解釋呢？我喪失了聽力，而它應該比其他人的更完好，更靈敏……」生活中總是存在著一種錯誤的觀念，就是有人經常在不理解他人實際情況的前提下，錯誤地評價別人的行為，這是與人交往最忌諱的。人們正常的互動關係不僅是具有合理性，而且要有理解別人、同情別人、與朋友同甘共苦的熱情和願望，以及設身處地為他人著想的品德。

三、交往的禮儀在與人建立正常的交往關係中起著重要的作用

交往的禮儀除了諸如尊重別人、友好相處、有忍耐性等特點外，還需要具備有恭敬謙讓和待人接物有分寸等品質。恭敬謙讓是一種個性格特點，其主要內容是在社交場合下維持某種行為原則，遵守禮儀。人們的交往禮儀與其交往的習慣有關，它們可歸納為以下兩個方面：首先，要正確對待第一次見面時，對方給自己留下的最初印象。在大多數的情況下，這種印象的產生都受到資訊不足的限制，即我們還

不知道對方「實際上」是個什麼樣的人，看到的只是表面現象；對方看你也是一樣。一個人的外表，包括長相、舉止言談、衣著打扮、髮型、口才都會影響人們對他最初的印象。單憑「衣著打扮」做出評價，到對其「才智」和內心世界做出評價其實還相差甚遠。如果發現上述最初印象不可靠，應及時加以改正。

其次，就是要不帶任何偏見地結交朋友，這是交往禮儀的一個重要禮節。偏見會使人們對一個人的具體個性特點產生錯誤的認識。

四、自信很重要，但不要把自己的思想強加於別人

對於自己的人生有一個明確的信念是很重要的，明確做人的標準應該具有什麼樣的性格和行為。從這一觀點出發，我們就能自覺地經常檢查自己，正確地評價別人。

有了明確的信念，在與人交往時，才會有自信，但要注意的是不要把自己的思想強加於別人。這樣彼此都會很輕鬆地繼續交往下去。

贏得朋友好感的祕訣

現實生活中的每個人都希望自己能夠獲得他人的好感，這是人的一種基本需要。能夠獲得朋友的認同、贊許，從而得到內心的平衡，產生成功的滿足感，也是現代人心理的一種需求和渴望。但是怎樣去做才能夠邁入這人生的關鍵道路呢？從眾多成功者的身上我們可以看到，要贏得朋友對自己的好感，就要銘記以下要點：

一、塑造良好形象

要想讓朋友對你產生好感，首先在自己的身上要有好的「影響力」，即形象包裝和內在素質。朋友的好感只能從自己本身的良好形象和溫文有禮的言行中產生。只有做到謙虛不自卑，自信而不固執，堅持而不狂妄，才能給朋友留下好的印象。

二、加強知識的累積

一個人要有涵養，知識的累積是很重要的。世界上沒有哪個人不喜歡有知識的人，只有學識豐富，思想敏銳，興趣廣泛，才能提高自我價值，吸引眾人。

三、真誠的與人交往

心地善良，待人誠懇，做人正派，這是被人瞭解和受人歡迎的開端。如果不說真話，故弄虛作假，朋友就會不信任你，覺得你不可靠，時間久了就會疏遠你，厭惡你。

四、樂於幫助他人

一個人的力量總是有限的，當面對生活中的種種問題時，每一個人都必需要有朋友的幫助。因此，一位哲人說過，人生的旅程是在朋友的扶持下走完的。當一個人對生活中的某一問題無力解決時，我們如果能夠伸出熱情的雙手，無疑會給對方極大的力量與信心。特別是當一個人遇到挫折，處於逆境之中時，如果我們能夠熱情地幫助朋友，朋友定會對我們產生強烈的好感。同時，當幫助朋友之後，我們就會產生一種自我滿足的感覺，而當朋友又對我們報以微笑時，我們通常會覺得這個世界是那麼的美好。這對人的自信心的確立是極其有益的。

然而，很多人都忽略了幫助朋友，這種最簡單的增加吸引力的方法。他們在抱怨人們缺少友情的同時，自己卻不願意對朋友付出一點點的友情，即使是舉手之勞也不肯付出，正是這種心態將他們自己拒於友情的大門之外。正如戴爾·卡內基所言：「你要朋友怎麼待你，你就得先怎樣待朋友。」

五、興趣力求廣泛

嗜愛好和興趣是認識他人、廣交朋友的一個很好的「介紹人」。如果你喜愛詩歌，又能歌善舞，集郵、攝影、體育樣樣都懂一些，你就和朋友有了共同的興趣，共同的語言，共同的心聲，無形中也在你和他人之間逐漸架起了一座友誼的「橋樑」，朋友也將會對你逐漸產生好感。

六、善於語言表達

無論是在聚會上，還是在朋友相聚的場所，如果你有個人的見解，就要大膽地表明，這樣將會使你的人氣加分的。若是不發一言，一味地害羞，不敢啟齒，不僅給人軟弱無能的印象，而且會在眾人面前降低你的地位。

七、尊重朋友的自尊心

俗話說：「人有臉，樹有皮。」每一個人都有自尊心，都希望朋友的言行不會傷及自己的自尊心。任何人在人際交往過程中，都有明顯的對自我價值感的維護傾向。例如，當我們有了好成績時，我們會解釋說這是自己的能力優於朋友的緣故；當朋友取得了好成績而我們卻沒有取得好成績時，我們又會解釋為朋友僅僅是運氣好而已。這樣的解釋就不至於降低自我的價值感，傷及自尊心。

我們在和朋友交往時，必須對他人的自我價值感起積極的支持作用，維護朋友的自尊心。如果我們在人際交往中威脅了朋友的自我價值感，那麼就會激起對方強烈的自我價值保護動機，引起人們對我們的強烈拒絕和排斥情緒。此時，我們是無法和朋友建立良好的人際關係的，已經建立起來的人際關係也可能遭到破壞。

在你和朋友交往中，無論是熟人還是陌生人，都要尊重對方的感情，要熱情的接待，講究禮儀，使自己在最短的時間內，就能給對方留下一個良好的印象。

一個正直的人有話說在當面，不在背後亂議論朋友。如果你經常在背後說朋友的壞話，一旦被對方知道了，不僅會對你產生不滿的情緒，甚至還會和你發生爭吵。即便是以前對你印象很好的人，也會在心中留下陰影。

選擇朋友要慎重

生活中的朋友大致可以分為三類：第一類是工作上的朋友，即由於工作原因而結識的朋友，如同事、客戶等等；第二類是生活中的朋友，即是以前在學校或生活中結識的朋友；第三類就是一般的「點頭」朋友。

我們交朋友的目的一是讓生活充實、豐富，能在工作之餘有人一起娛樂、一起聊天；二是有於利工作，希望在工作上能得到朋友的幫助。很顯然，朋友太多就不可能有太多時間去瞭解、溝通，也就不可能建立起真正的友誼。

朋友之間如果沒有一定的感情基礎，那麼就很難談得上互相幫忙。所以生意場上認識的人雖然多，但不一定就好辦事。沒有一定的交往基礎，別人是肯定不會幫你的，除非你自己有權有勢，別人幫你是想得到回報。所以，最好就是能夠結識一些相互欣賞、有情有義的工作朋友。

濫交朋友的人會給人一種生活缺乏原則的感覺。不要認為能夠結識很多的人就是你的人際關係很好，那有可能是你總是主動去拉攏各式各樣的人，只要有機會，你就會熱情主動地結識。其實，在人際交往中最忌諱的就是愛獻殷勤，那樣會讓人感覺到你交往的動機不單純。

不卑不亢是交往的首要原則，因為無論什麼時候，自尊都是交往中的首要吸引力。如果拋棄自尊去討好別人，肯定得不到別人的尊重，而且一般以朋友多為榮的人，都希望結識更多的有錢有勢的風雲人物，而這些人最看不起故意討好的人，因為他們見得最多的就是這種人。所以，喜歡濫交朋友的人往往會失去自我，讓人瞧不起。喜歡濫交朋友的人往往缺少真正的朋友。

和朋友建立深厚的友誼需要各種努力，首先是要花一定的時間，即使你們是青梅竹馬，幾年不聯繫也可能形同陌路。因為社會在變，人也在變，不經常聯絡肯定會產生隔閡。而喜歡濫交朋友的人肯定是沒有時間，留給一些深交的朋友的，他們也意識不到友誼需要細心培養。他們把朋友當作稻穗一樣，以為認識了就像把稻穗撿回家裡一樣，以後想用就可以隨時用。

建立友誼需要不斷地付出，朋友間的友誼就像愛情一樣是個空盒子，首先你得傾注關心、幫助、理解，然後你才能得到關心、幫助、理解。

濫交朋友的人是不可能不斷地付出的，他沒這麼多時間和精力，所以他的朋友都只是一些點頭之交的朋友。而且，萬一不幸交了個壞蛋、無賴朋友，那你的麻煩就要來了。騙你點錢，佔你的便宜，弄不好交個要錢不要命的傢伙，那你就更危險了。所以，我們交朋友宜精不宜多，要悉心結交一些志同道合的工作朋友和生活朋友，而且要有一定的感情基礎，在工作上能鼎力相助，而不是建立在利益基礎之上的關係。

一些生活中的朋友要多加聯繫，因為這些朋友都是有著共同經歷、經過時間考驗的知心朋友，要留一定的時間和精力不斷加深友誼。因為這部分的朋友是最可靠的，你們之間沒有利益衝突，是最純潔的那種友情，在任何需要幫助的時候，他們總是能夠及時的出現在你的身邊。

當然，交友時都要有一定的戒心，要有一定的辨別能力。和一個人交往時要判斷對方和你交往的動機是什麼，是看重你的人還是看重你的能力或是其他，如果純粹是看重你的錢和勢或其他利益，那麼就沒有必要去深交。如果能夠互利互惠，當然也不妨去交往一下。

朋友的篩選，也就是擇友而交。應該瞭解的一點是，朋友的篩選並不能單憑你感情上的好惡作為標準，因為如果你只是憑自己喜歡與否來選擇朋友的話，那會使你失去很多有價值的朋友。

有的人可能你第一眼看上去感覺就不舒服，或者因為他（她）模樣長得怪，或者因為他（她）看起來髒髒的，或者因為他（她）語言不雅，但這只是你的第一印象，也許在你瞭解他（她）以後，便會覺得他（她）是你最值得信賴的朋友。單憑好惡取捨朋友，是一種非常不明智的做法。

朋友的篩選是有原則可循的。如果你能理性地運用這些擇友原則，相信你一定能找到好朋友。那麼擇友原則又有哪些呢？

一、從自己的實際需要出發

這一點在前面論述過一些。交什麼樣的朋友，應該從你自己的實際情況出發，先對自己有一個全面性的瞭解，再去結交朋友。

不但要對自己的職業、現在的生活方式以及自己的理想追求有清楚的把握，還要瞭解自己的個性，自己的優、缺點，瞭解自己的嗜好、生活習慣以及自己現有的知識、涵養和自己的整體素質，等等。總之，在對自己有一個充分瞭解與把握的基礎上，結合自己在實際生活中的需要與自己的理想與追求，而去選擇朋友。

二、盡可能更加地瞭解對方

你想在你完全瞭解對方以後再決定是否與他成為朋友，這是絕對不可能的，因為你不太可能完完全全地瞭解某個人。

但是，利用你能利用的條件和管道，在盡可能的多加瞭解對方的基礎上，決定是否與他交朋友，這種方式是完全可行的。

一般而言，在你與某個人成為朋友之前，雙方只能算是認識的人，在雙方只是彼此認識的期間，就是了解對方的一個有利的時機。在這個過程中，不管你採取什麼方式或方法，最好不要讓對方知道你在試圖瞭解他，否則的話，他會儘量掩飾自己的一些情況，或者乾脆拒絕與你來往，那麼這將會是一個最糟的結果。

處於戀愛中的人們是深諳此道理的。這樣做雖然會使你花費一些時間與精力，但相對於能讓你選擇一個好朋友，並且有可能受益終生時，這根本算不了什麼。

三、理性的原則

這個原則無論對你選擇朋友，還是結交朋友來說，都是一條非常重要的原則。理性的原則就是要求你在選擇朋友和與朋友交往的過程中，應該時刻以理性的思維來指導自己的行動，不可感情用事。

理性的原則若是用在選擇朋友方面，就是要求你在還未盡可能的多加瞭解對方之前，切勿因感情上的好惡，而冒然作出結交還是不結交的決定。

說得具體一點，就是不要因為對方給你留下了好的印象，就置其他於不顧而主動去接近他（她）；更不要因為對方給你留下了一個壞印象，而不再與之來往。要知道，一個人在你心目中的形象，是會隨著時間的累積以及認識的加深而改變的。因此，要保持理性的頭腦，切勿因一時衝動而損失了一個好友或誤交一個損友。

四、擴大交友的層次

選擇朋友也應本著儘量擴大交友範圍的原則。一般而言，某個人的朋友所處的社會層次與他本人所處的社會層次是相同的。

基於此，你在選擇朋友時，也應有意識地去選擇一些和你處在不同階層的人交往，這樣可以擴大你的交友範圍，開闊你的視野，從而使你的人際關係網具有更大的平衡性和能量。

五、準確地將朋友定位

在選擇出朋友並交往了一段時間之後，就應當對你的朋友該處在你的人際關係網的何種層次、何種地位上作出適當的定位。對自己的朋友進行適當的定位，對於穩固你的人際關係網、促使你交往更多的朋友或者定位後採取進一步的交往，都具有積極的意義。

你可以按照自己的標準給朋友進行定位，比如，根據你與你的朋友之間的關係進行定位，即按照知己型、親密型、一般型的劃分，分別把你的朋友放入不同的層次中；你也可以按你們之間的關係劃分出更多的層次來。透過對朋友的定位，你就可以依據不同的朋友與你的關係而採取不同的交往策略。

每個人都是需要朋友的。生活在友情的氛圍中，生活才會更有情趣和意義。

與朋友相處時最常見的錯誤

在與朋友相處時，最容易也是最不應該陷入的一種錯誤就是：好朋友之間無須講究客套。有些人認為，好朋友彼此熟悉瞭解，親密信賴，有如兄如弟，財物不分，有福共享，講究客套太拘束也太見外了。其實，他們沒有意識到，朋友關係的存續是以相互尊重為前提的，容不得半點強求、干涉和控制。彼此之間，志趣相投、脾氣對味則合、則交，反之，則離、則絕。

朋友之間再熟悉，再親密，也不能隨便過頭，不講客套。這樣，默契和平衡點將被打破，友好的關係將不復存在。因此，對再好的朋友也要客氣有禮，可以不強調自己的「面子」，但不可以不給朋友面子。

和諧深入的交往，需要有充沛的感情做為樞紐，這種感情不是矯揉造作的，而是真誠的自然流露。當然，我們說好朋友之間講究客套，並不是說在一切情況下都要固守不必要的繁瑣的禮儀，而是強調好朋友之間相互尊重，不能跨越對方的禁區。

每個人都希望擁有自己的一片小天地，朋友之間過於隨便，就容易侵入這片禁區，從而引起隔閡衝突。譬如，不問對方是否有空閒、願意與否，任意支配或佔用對方已經安排的寶貴時間，一坐下來就滔滔不絕地高談闊論，全然沒有意識到對方的難處與不便；一意追問對方深藏心底的不願啟齒的祕密，一味探聽對方祕而不宣的私事；忘記了「人親財不親」的古訓，忽略了朋友是感情一體而不是財務一體的事實，花錢不計你我，用物不分彼此，凡此等等，都是不尊重朋友，侵犯、干涉他人的壞毛病。

偶然疏忽，可以理解，可以寬容，可以忍受。但長此以往，必生嫌隙，導致朋友的疏遠或厭倦，友誼的淡化和惡化。因此，好朋友之間也應講究客套，恪守交友之道。與朋友相處時最常見的錯誤有如下幾種，不可不小心約束。

一、過度表現，言談不慎，使朋友的自尊心受到傷害

也許你與朋友之間無話不談，十分投機。也許你的才學、相貌、家庭、前途等等令人羨慕，高出你朋友一等，這使你不分場合，尤其是與朋友在一起時，會大露鋒芒，表現自己，言談之中總是不經意的流露出一種優越感，這樣會使朋友感到你在居高臨下對他說話，在有意炫耀抬高自己，他的自尊心會因此而受到傷害，不由得產生敬而遠之的意念。

所以，在與朋友交往時，要控制情緒，保持理智平衡，態度謙遜，虛懷若谷，把自己放在與人平等的地位。

二、彼此不分，違背契約，使朋友對你產生防範心理

朋友之間最不注意的是對朋友的物品處理不慎，常以為「朋友之間何分彼此」，對朋友之物，未經許可便擅自拿用，不加愛惜，有時遲還或不還，一次兩次礙於情面，不好意思指責，久而久之會使朋友認為你過於放肆，產生防範心理。實際上，朋友之間除了友情，還有一種微妙的契約關係。

以實物而言，你和朋友之物都可隨時借用，這是超出一般人關係之處，然而你與朋友對彼此之物首先要有一個觀念：「這是朋友之物，更當加倍珍惜。」「親兄弟，明算帳。」注重禮尚往來的規矩，要把朋友珍重之物看作如珍重友情一樣重要。

三、乘人不備，強行索求，使朋友認為你無理霸道

當你有事需求人時，朋友當然是第一人選，但是如果你事先不做通知，臨時登門提出所求，或不顧朋友是否情願，強行拉他與你同去參加某項活動，這都會使朋友感到左右為難。他如果已有活動安排，不便改變，就更加難堪。對你所求，若答應則打亂自己的計畫，若拒絕又在情面上過意不去。或許他表面樂意而為，但心中卻有幾分不快，認為你太霸道，不講道理。

所以，你對朋友有求時，必須事先告知，採取商量口吻講話，儘量在朋友無事或情願的前提下提出所求，同時要記住：「己所不欲，勿施於人；人所不欲，勿施強求。」

四、不識時務，反應遲緩，使朋友對你感到厭嫌

當你上朋友家拜訪時，若遇上朋友正在讀書寫功課，或正在接待客人，或正和男（女）朋友約會，或準備外出等，你也許自恃是摯友，不顧時間場合，不看朋友的情緒反應，一坐半天，誇誇其談，喧賓奪主，卻不管人家早已如坐針氈，極不耐煩了。這樣，朋友一定會認為你太沒有教養，不識時務，不近人情，以後就會想盡辦法躲避你，害怕你再打擾他的私生活。

所以，每逢此時此景，你一定要反應迅速，稍稍寒暄幾句就知趣的告辭，珍惜朋友的時間和尊重朋友的私生活，就如同珍重友情一樣可貴。

五、用語尖酸刻薄，亂尋開心，會讓朋友感到你很可惡可恨

有時你在大庭廣眾面前，為了炫耀自己的能言善辯，或為嘩眾取寵逗人開心，或為表示與朋友之「親密」，亂用尖酸刻薄的詞語，盡情挖苦、嘲笑、諷刺朋友或旁人，使其大出洋相以博人大笑，獲取一時之快意，竟不知已大傷和氣，使朋友感到人格受辱，認為你變得如此可恨可惡，後悔誤交了你。也許你還不以為然，會說朋友之間開個玩笑何必那麼認真，殊不知你已先傷了朋友之情。

所以，朋友相處，尤其在眾人面前，應和藹相待，互敬互慕互尊，切勿亂開玩笑，用惡語傷人。

六、過於小氣，斤斤計較，使朋友認為你是吝嗇之人

你可能在擇友交友時，認為朋友的友情勝於一切，何必顧慮物質的得失，況且金錢又不能使友情牢固。這種想法使你與朋友相處時顯得過於拮据，事事不出分文；或患得患失，惟恐吃虧。對朋友所饋慨然而受，自己卻一毛不拔，這會使朋友感到你視金如命，是個吝嗇之人。

所以朋友之交，過於拮据顯得吝嗇小氣，而慷慨大方則顯得豪爽闊氣，它會使友情更加牢固。

七、泛泛而交，大肆渲染，使朋友感到你是輕佻之人

你可能由於虛榮心或榮譽心所驅，也可能交友心切，認為朋友愈多，本事愈大，人緣愈好，往往不多加選擇，就泛認為知己」。此時，朋友已在微微冷笑，認為你是個朝三暮四的輕佻之人，不可能真心相處，你反而會失去真正的朋友。

所以，朋友之交，理應真誠相待，感情專一，千萬不可認為泛交會使自己名聲顯赫。

八、一意孤行，不聽人意，使朋友感到你是無為多事之人

是朋友就是要同舟共濟，對好的對策應認真考慮，善加採納。也許你無視於這一點，每遇一事，一意孤行，堅持己見，無視朋友之意見，依舊我行我素，結果自己吃虧，朋友受累。這必定使朋友感到失望，認為你太獨斷專橫，不把朋友放在眼裡，是個無為多事之人，日後將漸漸疏遠你。

在遇事做決策時，應多聽並尊重朋友的意見，瞭解朋友的好意，即使難以採納的意見，也要說清楚，使朋友覺得你很尊重他。

提高和朋友溝通的技巧

只要是人，就都需要溝通與聯絡。就像我們吃飯、睡覺一樣，連清教徒也不例外。很多人在正式談論一件事情的時候，都喜歡以輕鬆的話題作為開場白，然後再逐步導入正題。律師、作家、新聞記者及演員都是這方面的專家。他們都懂得如何以輕鬆的方式開場，然後再迅速把握住談話的主題，達到充分溝通的目的。

「沈默是金」在社交場合根本行不通，而且是非常不禮貌的。反之，善於打破沈默、談笑風生、能帶動談話氣氛的人，走到哪裡都會受到大家的歡迎。這種人不會讓會場沈默太久，也不會讓「無聊分子」一直強迫別人聽他的訓話。這種人懂得適時轉變話題，讓大家都有臺階下。

社交活動的目的，就是要讓話題一直繼續下去，使得賓主盡歡。如果你不想說話，還不如回家看電視、讀小說算了。

以下幾點建議，可以幫助我們增進和朋友之間的聊天技巧：

一、在和朋友的聚會當中，不要站在同一個地方不動

這樣會給「無聊分子」可乘之機，抓住你不放，大談他的得意事情。你最好往人群聚集的地方去，聽聽他們在談些什麼，這樣你也有機會發表你的意見。等到有趣的話題談得差不多的時候，再找個藉口離開，另尋聊天的對象。這種打游擊式的方法，很容易找到真正可以聊天的對象，也可以認識許多朋友。

二、如果是家庭式的宴會，勢必要坐等聊天

這時，你有「義務」和左右及對面的人聊天，不要冷落任何一個人。還有，在主菜上來之前，不要把聊天的話題一下子用光了，免得上了菜之後大家都在乾瞪眼。一位女士非常懂得聊天的技巧。她和初次見面的女士聊天，用的都是同樣的一套：「你戴的這串項鏈（或手鐲、戒指）真漂亮，是別人送的，還是……」幾乎沒有一次例外，被她問到的女士都樂意訴說得到這串項鏈的故事。

三、千萬不要講「不好笑」的笑話

講笑話一定要看場合及對象，如果你沒有把握，乾脆等著聽別人講笑話算了。

四、聊天的話題要有趣

所談的一定要是每個人都知道的人事物。如果你談的是一個誰都不認識的人，必然引不起大家的興趣。

五、不要當眾揭人之短

千萬不要說：「你們看，站在角落的那個女士穿得有多醜，而且她的臉還動過整容手術。」說不定聽眾當中，就有這位女士的丈夫。

六、見好就收

如果你發覺聽眾已經不耐煩了，最好趕快閉嘴，聽聽別人的高論，何必一定要硬撐下去呢？

每一位男士都喜歡聽到別人說他很風趣，每一位女士都喜歡別人稱讚她很漂亮。

學會拒絕別人，避免不必要的麻煩

在我們的生活周圍總是有很多人不善於拒絕別人，他們總是擔心拒絕會傷害彼此的友誼。於是經常在不情願的情況下就答應別人的請求，這不僅是浪費了自己大量的時間，而且還會弄得自己很狼狽。

而那些聰明的人在處理人際關係的時候，則顯得很輕鬆，並且做得八面玲瓏。他們知道怎樣去拒絕別人，怎樣才能節省大量的時間，怎樣去避免那些不必要的麻煩。

一、聰明人知道何時該對朋友說「不」

與別人熱情的交往和積極去幫助別人是很重要的，尤其是主動的去幫助別人，更是能受到歡迎。但是，如果你是被某種心理的壓力所迫，對一切都點頭答應，實際上是在屈服於另一種不良動機存在的行為。例如需要得到別人接受或讚揚，害怕給別人帶來不悅和麻煩，希望別人對你感恩，想要有朝一日得到報答等。懂得珍惜時間，就應該學會說「不」。在以下場合，聰明的人知道該說「不」：當別人所需要的幫助，完全是只出於考慮他個人利益的時候。你可以堅決的拒絕他。例如：一個朋友打算請你深夜開車送他去機場，而你確信他可以自己去，而如果你去送他，不但影響一夜睡眠，還會影響次日的行程安排，那你就要考慮拒絕。如果他是順路想搭你的車，只是要你等他幾分鐘的話，你就應盡力幫忙。

當有人試圖讓你代替其完成分內的工作時。偶爾替他一兩次班是可以的，但如果形成習慣，別人就會對你產生依賴性，變成是你義不容辭的義務。你準備晚上寫點東西或做點家事，朋友卻邀請你去打牌。如果是千里之外的朋友偶然來聚可以另當別論。當然，生活中的類似的情形遠不止列出的這一些，總之，只要你考慮到可能會給自己帶來某些不方便，就要考慮說「不」，除非因此會給別人帶來更大的麻煩。也許你會說：我何嘗不想拒絕，但該怎樣拒絕呢？

以下幾個建議可供參考：

▼立即答覆，不要讓對方對你抱有希望

要打消為避免直接拒絕而尋找脫身之計的念頭。請不要說：「我再想想」，或「我看看到時候行不行」等等。明確地告訴對方：「實在很抱歉，這是不行的。」

▼用相反的意見來避免生硬的拒絕

假如朋友打電話問道：「今晚去跳舞吧！」你不想去，就可以說：「哎呀，今天晚上不行，改天我邀請你吧！」這樣不僅能夠很婉轉地拒絕了別人的要求，還不會傷了彼此的情感。

▼不要以為什麼事情都必須要有理由

在很多時候，你只要簡單地說一句：「我實在有更要緊的事要做。」就可以得到絕大多數人的諒解。只要我們能夠充分的意識到，過多的參與那些不必要應酬的危害，知道自己在什麼情況下拒絕別人，並且能夠在拒絕別人的時候採取正確的方法，我們就能夠因此而節省大量的時間，而且也不至於因此而發生人際關係方面的問題。

▼在拒絕別人之前，稍微的考慮一下

若是朋友邀請你：「你下個月三號有沒有時間？」若你馬上回絕：「那一天我已經預定有事了。」這會令對方感到非常失望。即便你真的有事，也不應該毫不思索地拋下一句拒絕的話，然後什麼也不說，如此會讓對方感覺他拜託你的任何事，你都會立即一口回絕。你不妨換個口氣講，把回答的時間拉長，稍微做一下考慮，然後再對他說：「到目前為止，還沒有什麼預定的事，但說不定那天北部的親戚會來找我。」稍微考慮一下時間，表示你重視他的邀請，只不過是因為不能確定，或者真正有事才不能去，如此對方知道你有接受他的誠意，即使被拒絕，也不會太傷心。

二、善於運用「心有餘而力不足」

小王馬上要買房子，想讓小張幫忙湊點錢，小張直截了當地拒絕說：「我哪有辦法，我妹妹想買房子，錢都還不夠呢！」儘管說的是實話，也會影響朋友之間的交情。

如果換一種說法：「買房子是件大事，湊錢並不容易。前兩年我還有點錢，但現在不行了，全都套在股票上，我妹妹前天剛來找過我，我也沒敢答應。」這樣一說，對方就能理解你的難處，也就不會強求你了。

三、用「很遺憾」去拒絕他人的邀請

劉先生好不容易下個禮拜六有空，和太太約好去度假。客戶卻又邀約打高爾夫球。劉先生誠懇地回絕說：「啊，真可惜！」接著他解釋道：「如果早一點通知我，也許還有辦法……」他把自己已有約的訊息傳達給對方，然後在對方還想說明之前，立刻拒絕：「承蒙您的邀請，實在對不起。」

在這個情況下，對方也不好再強求。

四、保持冷靜的頭腦，提出可行的建議

小王請好朋友小李幫他去打架，為他被公司主任欺侮的未婚妻報仇。小李問小王：「你愛你的未婚妻嗎？」

「愛，當然愛，不然我就不管這件事了。」小王回答說。

「愛就好。可是如果你感情用事，並不是愛她，而是在害她，她不會為此而感謝你，相反的她會恨你。壞人總是會受到懲罰的，這要靠法律，公司主任的行為是犯法的。這樣吧！我幫你和你的未婚妻循用法律的途徑，來懲處公司主任吧，我相信，法律會給你們一個滿意的答覆的。」這樣說，效果會完全不一樣。

五、不要輕易對朋友做出承諾

答應幫別人辦事，首先要看自己能不能辦到，這是每個人都明白的道理。可是就是有那麼一些人不自量力，對別人請求幫助的事情一概承擔下來，事情辦好了什麼事也沒有，如果辦不好或只說不做，那就是不守信用，朋友就會埋怨你。

一個雖然有點權力，但又權力有限的人更應該注意，因為你有權，所以別人包括親戚朋友托你辦事的人肯定多。這時你應該講點策略，不能輕易答應別人。有些朋友托你辦的事可能不合法，這樣的事最好不要允諾，而是當面跟朋友解釋清楚，不要給朋友留下任何希望，不然，朋友會認為你不幫忙；有些朋友找你辦的事沒有違法，但確有難度，就直接跟朋友說明，這事的難度很大，我只能試試，辦的成辦不成很難說，你也不要抱太大的希望，這樣做是給自己留有餘地，萬一辦不成，也會有個交代。當然，對於那些舉手之勞的事情，還是答應朋友去辦，但答應了後，無論如何都要去辦好，不可以今天答應了，明天就忘了，待朋友找你時，你會很尷尬。

我們在這裡強調不要輕率地對朋友做出承諾，並不是一概不許承諾，而是要三思而後行。儘量不說「這事沒問題，包在我身上」之類的話，給自己留一點餘地。順口的承諾，只是一條會勒緊自己脖子的繩索。

前幾年春節前夕：有一個人為了避免別人瞧不起自己，假裝自己手眼通天，別人求他辦事，不管有多麼的困難一概來者不拒。為了幫別人買兩張火車票，不惜自己通宵排隊，結果鬧出了笑話……

千萬不能礙於情面，有求必應，有求必辦。對於朋友的要求，是否要拒絕，該如何拒絕呢？以下幾點可供借鑑：

一、問清目的

朋友求你幫忙或希望與你合作完成某事時，你必須先問清楚是什麼事，動機是什麼，目的何在？如果是正當的，在你力所能及的範圍內可以儘量提供幫助，以盡朋友之誼。假如朋友的要求超越了自己能力所及的範圍，就應毫不猶豫地拒絕他。

法。

二、態度堅決

無論對方如何的苦苦哀求，只要你認為是不能接受的，便要態度明確、堅決地予以拒絕，不能留有餘地。「實在抱歉，我無能為力」，「對不起，我沒有辦法答應」。也不要給他出主意，否則，你仍難脫關係，說不定他還會來找你，讓你想辦法。

三、接受指責

遭到了你的拒絕，對方的要求不能達到，他必然會對你加以指責。對此，你可以表示接受。這裡，需要注意的是，千萬不能中了對方的激將法。比如他說：「我就知道你可能做不到，看來果然如此。」對此，你不妨一笑置之，承認自己能力有限，「做不到」他要求的事。

四、消除愧疚

拒絕朋友的要求，朋友可能會愁眉苦臉，唉聲歎氣。這時候，你沒必要自責，沒必要感覺愧疚。既然拒絕，你自然有拒絕的理由。最好的做法是，用你的理由來消除內心的愧疚，達到心理的平衡。

五、電話拒絕

有時候礙於情面，當面不好意思拒絕朋友。在這種情況下，你可以讓朋友先回去，告訴朋友等你考慮後再給他答覆。然後，打個電話把你的意見告訴他。這樣，雙方不見面可以避免不知如何開口或避免造成尷尬。

對於朋友的要求，要仔細分析，不能一概允諾。因為不分青紅皂白的一概允諾，有可能會惹禍上身。因此，必須搞清楚朋友的要求是正當的，還是不正當的，是不是符合原則或規範。

把握好與異性交往的分寸

男人與女人是否可以成為真正的朋友，一直都是很敏感的話題。最主要的原因就是每個人都沒有十足的把握能夠做到這一點。但男人與女人之間能否存在純真的友誼，回答是肯定的。除了愛情，成為朋友是男人與女人之間最好的、最恰當的交往方式。由於異性友誼很容易發展成愛情，所以它經常會招來許多流言蜚語，使人們面對渴望的友情止步不前。

男人與女人之間的友誼，其實也可以和女人與女人之間的友誼一樣，親密、無拘無束而且又能夠保持長久。對於女性來說，在最初的時候，她們會有很多關係密切的男性朋友。但是這種朋友往往在她們結婚，或者她們與某個關係密切的男人成為情人的時候而中斷。

這種情況是很普遍的，究其原因，也許是她最初和異性交往的目的就是為了尋找和挑選意中人，而一旦目的達到了，多餘的關係也就成了累贅。也可能是她擔心和其他異性交往，會影響他們美滿的愛情關係，而對於那些害怕丈夫無端猜疑和吃醋的女人來說，更是擔心這種情況。

其實，與男人做很好的朋友對於一個女人來說，並不是一件壞事。因為你與很多男人做朋友，就不會像夫妻關係那樣敏感和緊張。你不會去無端地指責對方，不會有佔有對方的欲望，更無需去討好對方。由此你可以看到，男女之間不一定非得做了情人，才能夠成為「最好的朋友」。

同樣，一個男人在很孤獨的時候，他也很可能去找一個與他關係密切的女性朋友聊天談心。因為在和男性朋友在一起的時候，他們可能只談那些無關痛癢的事情，而跟女性朋友在一起，他則希望她深入到他的內心深處。

跟女人在一起，男人更樂意解除戒備，暴露他的弱點，洩露他的憨傻、差錯，說出他不成熟的想法和他異想天開的幻想。女性朋友可以幫助他加深對某件事情的認識。

但是，在更多的時候，性別差異確實是男女之間發展友誼不可輕視的障礙。女人在與男人約會和交往中，最頭疼的也是最傷心的事就是，性在男人心目中總是存在的。儘管很少有男人會同意這一觀點，但女人的這種看法常常使她不願意去求助於異性的友誼。

很多女人都曾說過：「我從來沒和任何男人有過真正的交往，我想，性總是男女之間的一個問題。」而很多的時候，男人也常有類似的看法，他們常在異性朋友結婚或有了確定的情人之後主動和她斷絕交往。問他為什麼，他會回答說：「我擔心引起不必要的誤會。」

這其中不能排除誤會，而且有時男人會去「冒犯」女人，也是有許多原因的，比如：他以為這是她所期望的，或者他想更加徹底地承擔起自己作為異性的角色。無論如何，大多數男人並不像女人所想的那樣，他們在大男人主義的外表下，經常有一顆敏感而謹慎的心，這種內涵使男人和女人有可能成為很好的朋友。

但「冒犯」確實存在。我們必須提醒那些在與女性交往中喜歡「冒犯」的男人，愛情這張紙一旦被捅破了，往往會取代友誼。這種新的關係就如同一切遊戲一樣有許多規則，也會有許多危險。這無論是對於男人還是對於女人，恐怕都是得不償失。

如果一個男人和女人在交往中，只想著與對方建立友誼而不是愛情，那麼，對方也會用同樣的感情來呼應他。這樣，兩性之間才會建立起良好的、高尚的關係。你可能對此不以為然。但是心理學家研究發現：性在男人的心目中總是佔有很重要的位置。

性在男女交往中的確是一個不小的障礙。一個男人遇到一個女人時，性的潛在可能會經常存在，但這並非不可避免、必須發生。沒有人規定你或別人在心中有了性衝動就一定要付諸行動。在多數情況下，「發乎情，止乎禮」並不難做到。

根據一些針對女性對於男女之間，是否存在真正友誼的問卷調查中顯示，們所遇到的大部分男人，都證實了女人對男人的看法：有些男人在開始與某個女人來往時，首先總是想著性。

恰到好處地運用幽默

在社交場合中，適當的開玩笑能夠活躍氣氛，不僅能夠顯出你的聰明智慧，有時候還能夠在交談中得到意想不到的效果。但是事情總是一體兩面的，有利也就會有弊，玩笑開得太過火，可能就會把事情弄得很糟，使大家不歡而散。

那麼如何恰到好處地運用幽默呢？

一、開玩笑時先確定你的朋友類型

一般說來，朋友的類型可分為三種，一種是機智狡猾型，另一種是大智若愚型，還有一種是介於二者之間。

開第一種人玩笑時，這種人不會讓你占任何便宜，還會立刻進行反攻，使你無法得逞；開第二種人玩笑時，他會顯得若無其事，與大家一道歡笑，或者裝傻，似乎不懂得此事。因此，這兩種人的玩笑都可以開。最擔心的是你的第三種類型的朋友。這種人被笑過之後很容易惱羞成怒，搞得大家不歡而散。

所以，開朋友的玩笑必須事先瞭解朋友是屬於哪種類型的人，這樣，開起玩笑來，既無傷大雅，又熱鬧滿室，顯得交際水準特別得高。

二、不要把自己的快樂建築在別人的痛苦上

開玩笑時，不可取笑他人的生理缺陷，例如：駝背、跛腳、暴牙等等。也不要笑別人考試不及格，做生意做到倒閉，或別人衣衫襤褸。對於這些東西，你應該顯示你仁厚的同情心，去安慰、鼓勵他們，讓他們覺得你是個有情有義的人，他們會對你產生信任及尊敬。

所以，你不能以「犧牲」他人為代價來「製造」玩笑和幽默。最劣質的玩笑莫過於當著一大群人的面，拿其中一個人作「靶子」來取笑。即使你能贏來一時的哄堂大笑，那位為你的幽默而「獻身」的同伴，卻是很久都不會原諒你的。

同時，也不能拿不在場的人當幽默的題材。就算所有的在座者都熱烈參與了你發起的玩笑，也難保你的話不會傳到那一位的耳中。

三、不要開下流低級的玩笑

當著陌生人的面，或對著有女士出席的場所大談特談低級下流的玩笑，人們不僅不認為你是個交際高手，反而會認為你太輕佻、膚淺了。

如果你能夠恰如其分地把你的聰明機智，運用到智慧的幽默中來，使別人和自己都享受快樂，那麼，你就能得到更多喜歡你、欽佩你的人，獲得支持和關心你的朋友。這對你實現自己的目標，逐漸步入成功者的行列會非常有幫助的。

四、採取幽默的態度提醒對方

有位法官請霍加・納斯列丁去做客，為了表示自己的好客，特意叫來廚師說：「霍加是位稀客，今天要好好招待他，你要用無花果和鮮奶油做一道甜食。」

可是偏偏這位廚師記性不好，又因為太忙了，把法官的吩咐忘掉了。一直到吃完飯，這道可口的甜食始終沒有向霍加等客人「報到」。法官因為忙著招呼客人，也把這道甜食給忘了。但霍加可沒把那可愛的無花果忘了，只是不好意思向主人直言相告罷了。

當晚，霍加與其他客人就住在法官家。祈禱之後大家就要睡覺了，法官清了清嗓子說：「諸位，讓我們讚揚真主，誦讀一章《可蘭經》，享受一下精神上的清福吧！」

《可蘭經》第九十五章開頭的句子是：「我用無花果和橄欖起誓⋯⋯」但霍加在誦讀時故意去掉了「無花果」幾個字，讀成：「我用橄欖起誓⋯⋯」法官見霍加篡改了《可蘭經》，馬上跳起來糾正道：「喂，霍加，你怎麼忘記了『無花果』這幾個字？」

霍加微笑地反問：「法官先生，你好好想想吧！是誰先忘記了『無花果』？」法官一想，才知道霍加的意思，馬上抱歉道：「對不起霍加，確實是我把『無花果』給忘了。既然大家尚無睡意，那麼就來點『無花果』甜食吧！」在座的人因此又一飽口福。

如果拿一般人的禁忌話題再來「幽上一默」，這就無異於是「自殺」舉動了，若是想重創對方或給你自己樹敵，這種方式將具有百分之百的成功率。

安慰你的朋友

當我們的朋友遇到不幸的時候，我們應該給予他們更多的關心和幫助。但是很多的時候，我們的表現卻往往不一定得體。我們該如何在他人有困難時候作出得體和真誠的反應呢？

一、留意對方的感受，不要以自己為中心

當你去探訪一個遭遇不幸的人時，你要記得你到那裡去是為了要支持和幫助他。你要留意對方的感受，而不要只顧著自己的感受。

不要以朋友的不幸際遇為藉口，而把你自己的類似經歷扯出來。要是你只是說：「我是過來人，我能明白你的心情。」那當然沒有什麼關係。但是你不能說：「我母親死後，我有一個星期吃不下東西。」每個人感受的悲傷的方式並不相同，所以你不能硬要一個不像你那樣能公開表露情感的人，因此而感到內疚與不安。

二、儘量靜心傾聽，接受他人的感受

喪失了親人的人需要哀悼，需要經過悲傷的各個階段和說出他們的感受和對親人的回憶。這樣的人談得越多，越能產生療效。要順著你朋友的意願行事，不要設法去逗他開心。只要靜心傾聽，接受他的感受，並表示理解他的心情。有些在悲痛中的人不願意多說話，你也得尊重他的這種態度。對一個正在接受化學治療的人說，她（他）最感激的是朋友的關懷。有個朋友每天都給她（他）打一次電話，但每次的談話都不超過一分鐘，朋友只是讓她（他）知道他（她）心裡惦記著她（他），但是並不堅持要她（他）報告病情。

三、說話要切合實際，要盡可能表示樂觀

泰莉是麻州綜合醫院的臨床醫生，曾給幾百個愛滋病患者提供諮詢服務。她說，許多人對得了癌症的人都不知道該說些什麼才好。他們通常會說些「別擔心，過不了多久就會好的」之類的話，明知這些話並不是事實，而病人自己也知道。

你到醫院去探病時，說話要切合實際，但是要盡可能表示樂觀。泰莉說：「例如『你覺得怎樣？』和『有什麼我可以幫忙的嗎？』這些永遠都是得體的話。要讓病人知道你關心他，知道有需要時你願意幫忙。不要害怕和他接觸。拍拍他的手或是摟他一下，可能比說話更具有安慰的作用。」

四、主動提供具體的援助

一個傷慟的人，可能對日常生活的細節感到不勝負荷。你可以自告奮勇，向他表示願意幫他的忙，幫他完成一些家事，或是替他接送學鋼琴的孩子。「當我摔斷了小腿時，覺得生活完全不在我的掌控之中，」一位離了婚的婦人瓊恩說：「後來我的鄰居們輪流來照顧我，使我能夠度過難關。」

五、要有足夠的耐心

喪失親人的悲痛在深度上和時間上各不相同，有的甚至會持續好幾年。

一位老人說：「丈夫死後，兒女們老是說：『雖然妳和爸爸感情很好，可是現在爸爸已經走了，妳得繼續好好活下去。』我不願意別人那樣對待我，好像把我看做摔跤後擦傷了膝蓋而不願自己爬起來似的。我知道我得繼續活下去，而最後我的確活下去了。但是，我希望照著我自己的方法去做。悲傷是不能夠匆匆而過的。」

要是有朋友的悲傷似乎異常深切或者歷時長久，你要讓他知道你在關心他。你可以對他說：「這段時間你的心裡一定不好受。我認為你不應該自己獨自去面對這種困難，我非常樂意幫助你。」

讓逐客令不傷友情

孔子曾經說過：「有朋自遠方來不亦樂乎？」能夠有朋友經常來往，的確是一件很令人高興的事情，不僅能夠交流思想，而且還能夠增進情感。但現實生活中也有給我們帶來不方便的不速之客。

下了班休息時，你才剛想靜下心來讀點書或是做點事，不料不請自來的客人常弄得你心煩意亂。他東家長西家短，嘮嘮叨叨，沒完沒了，一再重複你毫無興趣的話題且越說越起起勁。你勉強敷衍，心不在焉，萬分無奈，真想對他下逐客令卻又怕傷感情，難以啟齒。如果你「捨命陪君子」，那麼你將一事無成，因為時間——世界上最寶貴的東西，白白地被別人占去。

那麼，該怎樣對付饒舌常客呢？最好的對付辦法是：運用最高超的語言技巧，把逐客令說得美妙動聽，這樣你就能兩全其美：既不挫傷朋友的自尊心，又為自己節省了寶貴的時間。以下的四種方法可供借鑑：

一、用委婉的語言來提醒客人

用暗示的方法讓不速之客知道主人並沒有過多的時間跟他閒聊，這與冷酷無情的逐客令相比，這種方法也比較容易被對方接受而不傷感情。例如：「今晚我有空，咱們好好暢談。從明天開始我就要全力以赴準備資料，我希望這次能考上工程師。」這兩句話的意思是：請您從明天起別再來打擾我了。

又如：「最近我妻子身體不適，吃過晚飯就想睡。咱們是否說小聲一點？」此話雖然用的是商量口氣，但傳遞的訊息十分明確：你的高談闊論有礙女主人的休息，還是請你少光臨為妙吧！

再如：「這是我第一次發表的文章，請您指正。我想今後儘量多利用一些時間寫寫東西，我還年輕，希望將來能有所作為。」這番話似乎很尊重對方，但「請您指正」只是虛晃一招，而「希望將來能有所作為」的感歎卻是在提醒對方：請你今後別再來糾纏不休了。

二、把自己的願望和要求明確的寫出來

有些不速之客的反應比較遲鈍，當婉轉的逐客令難以奏效時。對這些人，不妨用張貼字條的方法代替直率的語言，這種表達方式可以使人一見就明白其中的意思。芝加哥大學裡有一位著名的科學家，在家裡客廳的牆上貼上「閒談不得超過三

分鐘」的字樣以提醒來客。

如果你張貼了類似的字樣，純屬「閒談」的饒舌者就不好意思喋喋不休地說下去了。我們可根據具體情況貼一些如「孩子即將參加聯考，請多配合」、「主人正在自學英語，請諒解」之類的字樣，製造一種努力打拚、惜時如金的氛圍，使閒談者望而卻步。從常理上說，字條是寫給所有的來客看的，並非針對某一位，因而不會使哪位來客有太多的難堪。

當然，在不速之客知趣地告辭時，主人可送到門口並致意：「真抱歉。等這段時間過去，歡迎你常來。」

三、表現得過分的熱情，讓對方感到很不自在

不速之客一到，你就笑臉相迎，趕忙沏茶倒水，捧出瓜子、糖果，喊著到處找吃的，很有可能把他嚇得下次不敢貿然再來。你用接待貴賓的高規格來招待他，一般人通常都不敢老是以「貴客」自居的。

四、主動出擊，反主為客

用主動出擊的積極姿態堵住饒舌常客登門來訪之路。看準他一般是在每天何時到你家的，你不妨在他來訪之前的一刻鏡先「殺」上門去：「您多次來訪，禮尚往來，我應回訪您，否則太失禮了。」於是你由主人變成了客人，他則由客人變成了主人。這樣，你就贏得了掌握交談時間的主動權，想何時回家，就何時告辭：「最近我有些急事要處理，改日再談吧！」更重要的是，你殺上門去的次數一多，他就被你牢牢粘在自己家裡，原先每晚必上你家的行為模式就有望改變。過了一個階段，你「班師回朝」之後，他很可能不再「重蹈覆轍」。以攻代守，先發制人，其實這是一種特殊形式的逐客令。

特別要注意的是，不論你採用哪種方式來回應客人，都不要失去熱情的態度。因為不速之客一般大都是親戚、同事、同學或鄰居，彼此之間都很熟悉，如果用冷冰冰的表情和尖酸刻薄的刺耳語言難免會刺傷對方，愛理不理的態度和時時看手錶的方式也難免會讓對方很尷尬。

吃虧是為了讓朋友能幫助自己

在想讓朋友幫忙之前不妨先讓朋友欠自己一個人情，吃虧就是一個很好的辦法。只要對做好朋友關係有幫助，你就要盡可能地吃下去，不能皺眉。尤其是吃大虧，有時更是一本萬利的事情。

用吃虧的方式來結交朋友，不僅能夠幫你帶來更多的利益，同時也是一種比較高明和有遠見的辦事技巧。

智者說：吃虧是福。因為吃虧你就成了施者，朋友則成了受者，看上去，是你吃了虧，他得了益。然而，朋友卻欠了你一個人情，在友誼、情感的天平上，你已增加了一個籌碼，這是比金錢、財富更值得你珍視的東西。吃虧，會讓你在朋友的眼裡變得豁達、寬厚，讓你獲得更深的友情。

這當然會使朋友更心甘情願幫助你，為你辦事。如果你遇到的事情辦成的難度很大，或者對方是一個見錢眼開的人，那麼即使事情辦成了，你也會在他身上欠一個很大的人情。

這樣，你不妨乾脆以合作的方式去找他，以利益來驅動對方。如果你把實情道出，說這是我自己的事，事成之後，我給你多少多少好處，他可能會礙於舊交情不好接受。那麼，這時，你可以撒一個小謊，說這事是別人托你辦的，事後對方願意給予那些報酬，這樣，他就會很坦然地接受，你也可以顯得不卑不亢，事後也可以避免留下還不完的人情債。

求人，你首先要弄清你求的是誰，他和你是怎樣的關係。

儘管你們過去是同事或者你曾是他的頂頭上司，但這次你去求他，他就是你的「上司」，你去登門求教，就是肯定人家的成就比你高。相對之下，你無疑就要放低姿態了。第二、求人就要有求人的誠懇，說話辦事，都要合乎自己當時的身份，過去你是他的上司，當然可以頤指氣使，可是今天你求到人家的門下，你就務須謙遜三分，因為此一時，彼一時也。

你不低頭相求，人家會為你辦事嗎？弄清了自己的地位，低頭時也就感覺順理成章，表情也會自然許多。所謂時機，就是指雙方在這個時間點都能談得來、說得攏的時候。

一個人在車禍喪子的悲痛中還沒解脫出來時，你卻上門托他給你的兒子做媒討老婆，無疑你會碰壁的；主管正為應付上級檢查而忙得焦頭爛額的時候，你卻找他去談待遇的不公，那你肯定要吃「閉門羹」甚至遭到訓斥。

掌握好說話的時機——比如，在對方情緒高漲時，在幫忙對方之後等，這樣才能提高辦事的成功率。

和不拘小節的人好相處

講究細節的自有其理由，不拘小節的人也有自己的道理。假如你是前者，在鄰居和同事中又有些不拘小節的人，他們常常要和你往來，如果你不想傷害彼此的感情，又想減少一些麻煩，那麼，你該如何對待呢？以下幾點建議可供參考：

一、事先給予提醒

有些人的不拘小節，是在家養成了不好的習慣，到別人家也以為和自己家一樣，無所顧忌。對這樣的人，可事先提醒，要他知道此處不是他家。江原的家是舊式的三合院，他愛抽菸，對於日常生活總是馬馬虎虎的，菸灰隨手彈、菸蒂到處扔。他到妹妹家做客時，妹夫知道他有這種習慣，他一到就立即遞上菸灰缸，提醒他把菸灰、菸蒂放在菸灰缸內。

一開始，江原很不習慣，時不時的又把菸灰彈在地上。妹夫一發現，再次提醒。幾次後，他也就改掉了。事先提醒，可以避免尷尬，減少麻煩。提醒時，態度盡可能和藹些，不要用命令的語氣，有時可用動作示意，不一定要用語言。

二、用行動予以示範

有些行為事先無法提醒，有些場合又不適合用言語表達。對此，不妨採用動作示範的方法，用自己或自家人的行為模式做給他看，表示自己喜歡什麼、厭惡什麼。小航的鄰居阿榮，常向小航借書、畫具、玩具或鉛筆什麼的，有的及時還，有的拖了好長一段時間才還，有的索性不還。小航知道阿榮不是故意想賴，而是認為無所謂。一次，小航家來了客人，媽媽就故意叫孩子去借一些玩具。待客人走後，馬上叫孩子送去還，並教孩子說：「媽媽說借了別人的東西一定要及時歸還。」

一次，小航又向阿榮借了一支尺，用後立即送還回去，並對阿榮說：「我這個人記性差，不知道有沒有東西借了沒還的，特別是小的，很容易忘記的。」此話一講，阿榮顯得有點尷尬，馬上想起自己借的一些小東西，當即找出讓小航回帶去。

行為示範，實際上就是以身作則，如果針對性強，一般效果是不錯的。

三、委婉的勸說對方

有些不拘小節的人輩分高、資格老，或者擔任一定的主管職務。遇到這種人，可用委婉勸說的方法，讓他明白你不大讚賞他的行為習慣或態度、作風。小吳對面住著同單位的老金，他是廠裡的總幹事，在技術上是個很優秀的人才，待人熱情誠懇，但就是在生活上比較馬虎，不講究穿著。夏天，他常光著身子，穿條短褲走這家串那戶。小萍是個注重生活禮儀的人，她很不習慣老金的這種過於隨興的穿著方式。一個週休日，老金邀小萍的丈夫去另一個同事家下棋。

小萍對丈夫說：「襯衫穿上，到別人家去總得有個樣子，穿上襪子，換雙皮鞋。」這一講，使老金馬上有所覺察，他說：「等一下，我也回去穿件襯衫、換雙鞋。」

小萍見時機已到，順水推舟道：「金先生，您這個人很熱情、很隨和，但我覺得您在穿著上太不講究了，有時真讓人受不了。」

待老金換好衣服返回時，小萍稱讚道：「您這一身打扮多帥氣啊！金先生，其實，您還真是個衣架子呢。」說得金先生高興極了。以後，他漸漸改變了原先不講究穿著的習慣。

四、適時的直言相告

不拘小節的人，言語承受力一般都比較強，因此，有時說他幾句也沒關係。在適當的時候，你可以直言相告，讓他清楚：你不贊同他的這種行為，並希望以後不要再發生類似的事。羽芊平時較隨便，對自己的東西也不太照顧。一次，他借了同事小玲的一本教科書，幾天後，他還給了小玲。小玲一看，封面弄得髒髒的，再往裡一翻，裡面被批註和塗塗畫畫了不少。

小玲心裡很不是滋味，他直言道：「羽芊，你怎麼在我的書上塗塗畫畫，還寫了批註，你應該知道，這是我的書，只有我才有權利在上面寫字，以後得注意點。」直言相告，當然不適用於所有的人，同時，也要注意場合，在有第三者在的情況下，更要慎重，以保留對方的面子。

每個人的處世態度都是不同的，有的人注意細節，做什麼事都非常講究，在言行、禮儀、服飾、交往等方面都有自己的標準。有的人則不拘小節，在許多方面都大而化之隨隨便便。

如何有效地說服朋友

在說服別人時，人們總是會犯一種毛病，就是先想好幾個理由，然後去和對方辯論；還有的是站在長輩的立場上，以教訓人的口吻，指點別人該怎麼做。這樣一來，就等於是先把對方貼上錯誤的標籤，因此，效果往往不好。

說服別人的方法和技巧很多，在勸說朋友的時候，以下幾種是比較實用和簡便的方法：

一、加強資訊的交流

事實證明，不同的意見往往是由於掌握了不同的訊息所造成的。有些人的知識不夠，對問題的理解就無法深入；也有些人總是習慣於舊有的做法，而對新的規則不瞭解；還有人是道聽塗說，對某些事情有所誤解，等等。在這個時候，只要把正確的資訊傳遞給他（她），就能夠讓他（她）察覺到他人的行為並不是像他（她）初始時認為的那麼正確，從而根據實際的情況，採取你的新主張。

二、婉轉地提出自己的意見

當你想說服別人的時候，如果總是直接地指出對方缺點，對方就會採取防守的態度，並且會竭力的為自己辯護。因此最好用間接的方式讓他（她）知道應該改進的地方，從而達到轉變的目的。所謂間接的方法是多種多樣的，如把指責變為關懷；用形象的比喻來加以規勸；避開實質問題談相關的事；談別人的或自己的錯誤來啟發對方；用建議的方法提出問題，等等。這就要靠你根據實際情況靈活地加以運用。

三、用感情來感化他

當你想說服一個人的時候，他總是很擔心會受到傷害，因此會在思想上先築起一道屏障或畫上一道鴻溝，從而與你之間產生一層隔閡。在這種情況下，不管你怎麼講道理，他（她）都聽不進去。解決這種心態的最有效的辦法就是，要用誠摯的態度、滿腔的熱情來對待他（她），在說服他（她）的時候，要用情不自禁的感情來感化他，使他從內心受到感動，從而改變自己的態度。

四、提高自己在對方心理的期望值

被說服者是否接受意見，往往和對方心目中對說服者的「地位階級」心理有關，說服者如果威望高，一貫言行可靠，或者平時和自己感情好，覺得可以信賴，就比較願意接受他（她）的意見。反之，就有一種排斥心理，所以你平時要多與他們交往，和他們建立深厚的感情，這樣在說服的時候，就能變得主動有力。

五、用高尚的動機來激勵他

如果你有高尚的道德和崇高的精神，那麼對於他人來說無形之中就會產生一種敬畏的感覺。所以，在說服他人改變看法的時候，最有效的辦法就是，用高尚的動機來激勵他（她）。比如說這樣做將對社會、公司帶來什麼好處，或將對家庭、對子女帶來什麼好處，或將對自己的威信有什麼影響，等等。這往往能夠達到啟發他，讓他（她）做他（她）應該做的事。

六、激發他主動改變思想

要想讓別人心甘情願地去做任何事，最有效的方法，不是談你所需要的，而是談他（她）需要的，教他（她）怎麼去得到。所以有人說：「撩起對方的急切意願，能做到這一點的人，世人必與他同在；不能的人，將孤獨終生。」

探察別人的觀點，並且在他（她）心裡挑起對某項事物迫切需要的願望，這並不是指說要操縱對方，使他（她）做只對你有利而不利於他（她）的某件事，而是要他（她）做對他（她）自己有利、同時又符合你的想法的事。這裡要掌握兩個環節：一是說服人要設身處地地談問題，要把別人的事當作彼此互相有利的事來加以對待；二是在促使他（她）行動的時候，最好讓他（她）覺得不是你的主意而是自己的主意。這樣他（她）會喜歡，會更加的主動和積極。

勸說，對於每一個人來說都能夠做得到，但善於勸說並且能夠做得很好就是一種極為可貴的能力。而在日常的朋友互動中，勸說是經常會遇到的事情。如果你掌握了一些說服別人的技巧，在朋友中你就能取得很好的人緣和意想不到的回報。

如何在辯論中取得勝利

每個人都喜歡別人接受自己的觀點，或者站在自己的立場上看問題，但並不是每件事都能如己所願的，這其中的關鍵還是取決於你的做事方法。

轉換觀點——就是很多人經常用以在辯論中獲勝的方法。如果你總是試圖用武力或威脅來壓倒對手，那樣你們的辯論，只會演變成一場充滿火藥味的爭鬥，而不會有任何的結果，完全是在浪費時間。有一個很好的方法，那就是讓對方轉變觀念。

如果你能善於利用人的本質，不要有悖於它，就能夠在辯論中輕易取得勝利。假如想讓對方以你的方式看待問題，就不要把你的思想強加於對方的身上而是要他（她）主動的接受你的觀點，在確信你的觀點正確以後，他（她）就會自動的改變其想法，這樣你就能夠很輕鬆地贏得辯論。

在堅持自己觀點的前提下，投其情感、理智、邏輯和常識所好，才能夠讓他人接受自己的觀點。否則，想要在辯論中取得勝利是一件很難的事情。以下六種獲勝的準則可以供你參考：

一、自己控制辯論的形勢

在辯論中不要搶先陳述自己的觀點，假如這樣做，就會暴露自己的立場，也就暴露了自己的弱點，而對方就掌握了辯論的主動權。所以你應該自己控制形勢，讓對方先陳述他自己的觀點。並且讓他（她）多談自己的想法，而不去打擾他（她），直到沒有話題、筋疲力盡為止。讓對方多次的重覆其抱怨，他（她）的情感就會耗盡，而其弱點在此時也就會暴露出來，你想獲勝也就容易的多了。

二、發現對方論據中的弱點

讓對方輕易接受你的觀點並不是一件很容易的事情，你不妨引導他（她）對自己的立場做一次客觀的探究和實質性的調查，這樣他（她）論據中觀點的弱點就顯而易見了。找到了這一弱點，就把它當做你的開場白，勸說他（她）接受你的觀點。看到自己這一弱點之時，對方就更易接受你的觀點了。

這就是為什麼要讓對方先開口的原因。你可以把他們的想法放到明處，從中發現其弱點。對自己論據的漏洞認識得越多，對方越樂於接受你的觀點。

三、適時確定何時採取行動

在不能確定對方是否有能力接受變化之前，先採取行動是徒勞無益的，辯論中要注意以下這樣的話語：在某一觀點上我可能是錯誤的，我以前從未想過在這個細節上可能是我搞錯了，我很想聽聽其中的原因。

當有這種懷疑的話語出現時，就是給你陳述論據的時間和機會，所以你就要確定自己在什麼時候採取行動。

四、陳述自己的論據要謙和

用強烈的方法贏得辯論，總是免不了會讓對方感到很難堪或自形慚愧。即使你讓對方無以辯駁，但除非對方把你的觀點當作是自己的觀點來接受，否則你還是無法取勝的。

事實證明陳述你的觀點的最好方法就是謙和、確切並有誠意。要熱情，但不要過於熱情，以致情緒化，言過其實。

五、學會適時的做出讓步

在辯論中給予對方壓力，無非是為了證明對方在某一觀點上是完全錯誤的，而大多數的人也總是在堅持這一點上取得勝利，其實這樣做是一種錯誤的選擇。而那些經驗老道的人就會利用引誘而非高壓的手段，他們會承認對方在某一觀點上的長處，並且在枝末細節上做出讓步。當然這需要你具備區別輕重的智慧。

六、替對方保全顏面

不貪、不堅持獲勝就可以幫他人保全顏面。但還可以做得更好：

很多情況是你的對手意識到自己錯了，已經改變主意想同意你，但他（她）的自我意識成了障礙，他（她）的自尊不讓他（她）承認錯誤。假如發現對手有這樣的處境，你就要替他（她）打開心門，幫他（她）走出進退維谷的境地。

其中一種方法就是提醒對方，他（她）在做決定時可能沒有考慮所有因素。你可以說這樣的話：「約翰，如果你不知道這一點，我就能理解你為什麼會做如此的決定了。換成是我，我也會這樣做的。」

即使約翰考慮了所有因素，他也會抓住你拋給他的這根救命草。只需說他不知道這一點，他就走出了窘境。你達到了目的，也幫他保全了顏面。

透過幫人保全顏面，維護其原有的自尊，你會得到永遠支持你的朋友。這樣，你就贏得了他（她）對你的信賴和支持。

Chapter 3

面試時的
完美交談技巧

面試時的交談技巧

求職者應努力運用說話技巧去吸引招聘公司，學會有條不紊地表達自己的特長。這包括：選擇適當的用語，安排妥當的說話內容和順序；充分注意對方的反應，靈活地調整自己的話語；留意自己日常常見的口頭禪，如無意義的「嗯」、「呃」、「這個」等，這些用語會破壞話語的連貫性，使對方感到焦躁；注意少用不確定性的詞句如：「但是」、「不過」、「可能」、「大概」等等，這些不確定詞加上低頭皺眉的身體語言，會傷害你自己本身的自信心，降低發言價值；少用或不用容易使人產生疏離感的專門術語和容易得罪人的稱呼，更不應該用開玩笑的口吻說正經事等等。這些不適當的用語會使對方覺得你「不實在」、「不專業」，並最終影響錄用。在面試交談過程中專心傾聽也很重要。要把眼睛視線對著面試人員臉部表情的三角區，仔細地傾聽對方說話，並不時地以微笑點頭的方式或簡單的言辭表現自己的態度。如「對！」「您說得很有道理。」「是嗎？」等等，以表示自己是在用心傾聽，並且是尊重對方的。

在面試交談時還要注意使用清晰明朗的聲音說話。說話的聲音和語調代表了一個人的氣質、修養和學識內涵。面對初次見面的人，說話的速度、聲音的高低粗細有時會比實際內容更能傳達一個人的內心思想。因此，在最初見面交談時，如果能用明朗清晰的聲音，並使語音、語調和談話的內容相互地配合起來，就會給徵才單位留下一個充滿自信和朝氣的印象，這樣被錄取的機率就會大大提高。

在接近面試結束時，仍應彬彬有禮地說出自己的直接感受，強調對這次面試機會和面試人員的感謝，而有禮貌地告辭。如：「處長，今天能有這個機會向您當面請教，我很感激。」「非常感謝主任的談話，但願不久的將來能被錄用，為貴公司服務。」「您需要的補充資料，我回去後立即送過來，請您給我一個機會。」「與您的說話讓我受益良多」還可在回家之後，馬上再寫一封短信給面試人員，表達同樣的感謝之意，以加深其印象。

面試時的面談內容是向徵才單位成功推銷自己的關鍵。

準確的表達有助於面試的成功

面試時，擁有良好的口才是很重要的。但別急著發言，應該先用心聆聽別人說話，注視說話的人，身體稍微前傾，適時表達自己的意見。簡短覆述對方的重點，但切記不要打斷對方的談話。利用問問題的方式來表示你對公司的關心與興趣。問問題時要注意以下幾點：

一、要簡潔

腦海中要時刻記住「得體」與「精簡」，就比較不會說錯話。

二、要明確

不要說「我喜歡與人共事」，而要說：「我在××公司擔任業務部門主管期間，讓我有機會體會到團隊工作的重要性。」

三、避免負面態度

不要說以前主管或公司的壞話。如果對方要求你對自己做評論，例如：為什麼前一個工作只做半年就離開？試著從對自己有利的角度來陳述：「那份工作無法提供我原先所預期的挑戰機會。」或「我很快發現，那份工作的成長空間有限。」

四、使用管理性動詞

陳述時，把焦點對準你的成就，而非你的職責，這樣可以幫助你運用管理性動詞來表現自己。與其說「我是公司的收帳員」，不如說「我進入該公司半年內，就收到二百個客戶帳款。而且在第一年內，就建立起公司的收帳款制度」。

五、以面試人員為師

跟隨著他們的節奏，等候可以表現自己的機會。態度要自然，如果你過於急切地想展示出自己的能力，可能會被視為太過自我，而不在乎別人所講的話。

成功的應徵者懂得把握機會問問題。要問一些能顯示你對該公司的關心程度、專業知識及綜合分析能力的問題。如果被錄用，你應知道有關明確的工作職責、內容、主管、績效評核標準、前任者的工作情形、面試者對自己的期望、升遷機會等，為此，你應就這些內容提出問題。

機靈地回答面試中敏感的問題

在求職面試時，常會遇到用人單位問及一些他們想知道，應徵者不太好回答而又必須回答的敏感問題。對這些問題回答得是否妥當，會直接影響到求職的成敗。下面用幾個具體實例，說明如何回答好面試中經常出現的幾個問題：

一、你為什麼要來本單位應徵

這個問題似乎非常簡單，回答得體並不容易。在面試的時候，有的人會不假思索地回答：「我聽說貴單位待遇不錯」；「我聽說你們要徵人，就來試試運氣」；「幾個朋友一鼓動，我就跟著來了」。

而一位成功的求職者的回答是這樣的：「當我還沒坐在應徵桌前，也就是還沒有正式成為貴單位的員工之前，已經有了一種熱血沸騰的感覺，因為我一進入貴公司，就遠遠看到貴單位大門上掛著的一隻碩大無比的時鐘，它好像時時在提醒貴單位的員工，也包括我在內的所有人要分秒必爭，展現出貴單位惜時如金的工作理念。我堅信：一個只爭朝夕的單位不可能沒有遠大的前途，個人亦如此。這正符合我的性格，我的心願。」

這位成功的求職者，在片刻之間，悟出了所提問題涵蓋的深層次內容：一是想瞭解應徵者的志向；二是想知道應徵者對該單位的瞭解程度。一席流利的話語，抓住「時鐘」這個小小的視點，既表達出自己的志向，又在不動聲色中著實誇獎了招聘單位一番，效果當然不錯。相比之下，其他幾個人也許講的都是實話，但過於坦白直率的表述在面試中往往是最忌諱的，因為這很容易給別人留下不良的第一印象。「我聽說貴單位待遇不錯」，這不僅顯示出你是一個注重金錢的人，也容易使面試官對你產生過於趨利與淺薄，難以成為優秀員工的第一印象。「來試試運氣」的回答，本身就顯得信心不足，缺乏自信。須知「運氣」是不會與一個連對自己都沒有信心的人為伍的，任何一個用人單位也不會首選只想著去碰碰運氣的那種人。「幾個朋友一鼓動，我就跟著來了」，顯然沒有主見。如果讓人感到你是一個沒有主見的人，也就會認為你是一個沒有能力做好工作的人。且不說你工作難有創造性，就說別人一鼓動你就來，那別人再一鼓動，你不就也跟著走了？有誰會用朝三暮四、搖擺不定的人呢？

二、假如這次是招聘清潔工，你會來嗎

千萬別被這個問題給嚇住。用人單位招聘何種人員，招聘簡章裡早已講得明明白白，但提出這個問題也並不是毫無意義的試探。因為無論是在公司總部，還是在下屬的任何一個部門，都會有一些諸如端茶倒水、清掃整理之類的繁雜事務，而這些很可能就是你今後工作中的一部份。

一位聰明的女士在求職的時候是這樣回答這個問題的：「我所看好的是貴公司人盡其才的用人理念，讓我當清潔工，我會毫無怨言，既然來應徵了，我早就做好各方面的心理準備。作為一名員工，就應該無條件地服從上司的工作安排。說實際點，我會每天把辦公環境收拾得乾乾淨淨，讓所有員工們在更為舒適的條件下工作，當上司工作繁忙勞累的時候，我會及時給其送上一杯熱茶，這本身就是一件非常美好的事情，因為上司的運籌帷幄之中也有了我的一份付出！見微知著，許多大人物不都是從小事做起的嗎？」

她以「我所看好的是貴公司人盡其才的用人理念」打開話題，深深地把握住了提出問題的意蘊，不僅顯示了良好的口才，也展示了自己較好的職業道德和發展潛力。

三、你有什麼缺點

面試官在問這個問題時往往想考察一下你的誠信度，以及你與應徵職位的匹配程度。這時你要懂得有技巧地回答，選擇與你應徵的職位沒有衝突的缺點來談。比如：要應徵銷售，就千萬不能說你的缺點是不善溝通，不然你可能馬上就被淘汰掉了。要知道，自曝其短也要曝得巧妙。

如果應徵的是財務工作，不妨這樣回答：「我做事情的速度有時候比較慢，但是每件事情我都會處理得非常周到和完美，我想，對於財務工作來說，仔細而不出錯，是最為關鍵的。」

如果應徵的是行銷工作，「我這個人有時候做事情過於講求完美，喜歡自己給自己施加壓力，但也是因為這個個性，我的方案總能得到客戶的首肯。」

如果應徵的是推銷工作，「我的朋友經常被我弄得很煩，說我太纏人，但我覺得，作為銷售來說，具備這種百折不撓的韌性，終究會成功的。」

四、和上司意見不一致怎麼辦

這道題主要考你的溝通能力和對自我角色的認定。你可以說，如果遇到這種情況，有效溝通是解決問題的最佳方法。首先，應該向上司表明自己希望溝通的願望和誠意；在溝通的過程中，應該站在上司的角度去考慮問題，說明上司這樣決定的道理。然後再闡釋自己的理由。此時一定要注意自己的語氣和態度，應該是虔誠的、實事求是的，而不是勝利在握的，或者激憤的。另外，還要儘量照顧上司的面子。

你不妨這樣回答：「我想，作為一個團隊裡的成員，不管是上司還是我，最終的目標都是希望能夠把事情圓滿地完成。意見不一致可能是思維方向和溝通不佳的問題，我會從上司的角度去考慮問題，盡可能地把自己的意思表達清楚，與上司進行最充分的溝通，畢竟上司比我更有豐富的工作經驗，思考問題會更全面一點。」

隨機應變還是要有充分的準備。

避免在面試中出現的言談錯誤

在求職面試中，應該避免一些在言談中出現的錯誤。這將有利於你與面試人員很好地交流與溝通：

一、冷場

面試開始時，如果應試者不善打破沈默，而等待面試人員打開話匣子，面試中，應試者又出於種種顧慮，不願主動說話，就容易使面試出現冷場。即使能勉強打破沈默，語音語調亦極其生硬，使場面更顯尷尬。實際上，無論是面試前或面試中，面試者主動致意與交談，會留給面試人員熱情和善於與人溝通的良好印象。

二、與面試人員過於隨便

具備一定專業素養的面試官是忌諱與應試者套交情的，因為面試中雙方關係過於隨便或過於緊張都會影響面試人員的評判。過分套交情亦會在客觀上妨礙應試者在短短的面試時間內，做好專業經驗與技能的陳述。聰明的應試者可以列舉一至兩件有根據的事情來讚賞招聘單位，從而表現出你對這家公司的興趣。

三、證明不了自己的能力

應試者大談個人成就、特長、技能時，聰明的面試人員一旦反問：「能舉一兩個例子嗎？」應試者便無言應對。而面試人員恰恰認為：事實勝於雄辯。在面試中，應試者要想以其所謂的溝通能力、解決問題的能力、團隊合作能力、領導能力等取信於人，唯有舉例。

四、缺乏積極的應變能力

面試人員常常會提出或觸及一些讓應試者難為情的事情。很多人對此面紅耳赤，或躲躲閃閃，或撒謊敷衍，而不是誠實地回答、正面地解釋。比方說面試人員問：你為什麼五年之中換了三次工作？有人可能就會大談工作如何困難，主管不支持等，而不是告訴面試人員：雖然工作很艱難，自己卻因此而學到了很多，也成熟了很多。

五、抨擊以前的主管或公司

有些應試者在面試時各方面表現良好，可是一旦被問及現所在公司或以前公司時，就會憤怒地抨擊其老闆或者公司，甚至大肆謾罵。在眾多國際化的大企業中，或是在具備專業素養的面試人員面前，這種行為是非常忌諱的。

六、不善於提問

有些人在不該提問時提問，如：在面試中打斷面試人員的談話而提問。也有些人面試前對提問沒有做好足夠的準備，輪到有提問機會時不知說什麼好。而事實上，一個好的提問，勝過簡歷中的無數筆墨，會讓面試人員刮目相看。

七、隱瞞弱點

面試人員常常會問：「你性格上有什麼弱點？你在事業上受過挫折嗎？」有人會毫不猶豫地回答：「沒有。」其實，這種回答常常是對自己不負責任的。沒有人沒有弱點，沒有人沒有受過挫折。只有充分地認識到自己的弱點，也只有正確地認識自己所受的挫折，才能造就真正成熟的人格。

八、誤中「圈套」

面試人員有時會考核應試者的商業判斷能力，及商業道德方面的素養。比如：面試人員在介紹公司誠實守信的企業文化之後（或索性什麼也不介紹），就問：「你作為財務經理，如果總經理要求你一年之內逃稅一千萬元，那你會怎麼做？」如果你當場絞盡腦汁地思考逃稅計謀，或文思泉湧，立即列舉出一大堆方案，都證明你中了他們的圈套。實際上，在幾乎所有的國際化大企業中，遵紀守法是員工行為的最基本要求。

有些應試者會在面試快要結束時，主動向面試人員打聽該職位的薪資福利等情況，結果是欲速則不達。具備人力資源專業素養的面試者是忌諱這種行為的。其實，如果招聘單位對某一位應試者感興趣的話，自然會談及其薪資情況。

很多求職應試者面試結束時，因成功的興奮，或因失敗的恐懼，會語無倫次，手足無措。其實，面試結束時，作為應試者，你不妨：表達你對應徵職位的理解；充滿熱情地告訴面試者你對此職位感興趣，並詢問下一步是什麼；面帶微笑的謝謝面試人員的接待及對你的考慮。

把握好施展自己才華的機會

鮑勃・霍伯所受的正規教育學歷並不高，他在高中二年級時便輟學了，一心只想成為明星，便動身到好萊塢去找機會。

一開始，鮑勃・霍伯跟一般人一樣，填寫履歷、參加面試，但或許是由於他的年紀真的太小了，連續幾家電影公司的面試，主考官都毫不留情地拒絕了他，並安慰他過幾年後，再成熟一點，重新來試試看。鮑勃・霍伯心想這樣下去不是辦法，為了圓自己渴望的明星夢，鮑勃・霍伯決定用不一樣的方式來對付那些難纏的面試主考官。

最後一次面試的機會來了，鮑勃・霍伯經過漫長的等候，終於進到了主考官的辦公室。坐在長桌另一端的那群西裝筆挺的主考官們，似乎已對這些面試者失去了耐性，一見到鮑勃・霍伯走進辦公室，便很不客氣地直接問他：「你的資料我們都看過了，不用再多說廢話，你自認最擅長的表演是哪一項？簡短回答！」

這樣的面試，正好對上鮑勃・霍伯的胃口，他很快地回答道：「我最擅長的表演，就是讓人捧腹大笑！」

主考官一臉不屑地說道：「讓觀眾笑？你有這種本事嗎？現在馬上給我當場表演，越快越好、越短越好！」

鮑勃・霍伯早就決定了不按常理出牌，當下毫不猶豫，立刻轉身打開辦公室通向外面的房門，對著外面的其他等候面試者大叫：「喂！你們都可以回家吃飯了！他們已經決定錄取我啦！」

這個出奇制勝的高招，讓鮑勃・霍伯找到了第一份演藝事業的工作，也奠定了他日後大放異彩的成功基礎。後來，鮑勃・霍伯成為了風靡國際的幽默表演明星。

根據某公司掌管培訓的負責人表示，每當需要請名人學者來演講時，便要為演講費大傷腦筋，他會詢問演講費應該付多少，對方常回答：「由你決定好了。」

於是，他只好自行決定演講費的支付額。然而，事後他卻常遭抱怨，實在十分擾人。為避免這種情形經常發生，事先說出演講費多少即可，但事實上，大多數人都無法親口說出。

為什麼有關金錢的事，會如此難以啟齒呢？原因就是擔心會在無意中傷害到自己：如果說得太低，則無異自貶身價；而對金錢過分斤斤計較，似乎有損學者形象。

誠如一般人在欲討回借款時，便經常假借第三者之手，向對方表示：「我爸爸鄉下房子準備重新整修，請你是否能方便一下……」「我也欠別人的錢……」運用這種說法或許比說「我自己要用錢」較為安心些。

其實，大可不必如此。

每一個求職者在面試過程中都必然要面臨薪水問題，採取一個什麼樣的態度與雇主談論薪水，對你能否面試成功，有著很大的影響。勇敢而恰當地和公司討論薪資問題，還可以表現你的自信。下面的建議或許對你有所幫助：

一、大膽地說出你的待遇期望

一般企業儘管有自己的薪資方案，但為了吸引人才，樹立企業形象，原來的薪資方案在一個小範圍內還是有一定的變通餘地的。如果你不好意思談薪水，只是草草地說「按企業的規定辦」之類的話，表明你對你自己和企業都沒有一個清楚的認識，這對你來說並沒有什麼好處。你可以大膽地說出你的待遇期望。

如果你是剛剛大學畢業或新進公司的人員，一般來講，公司在這方面都有很明顯的制度，由於你的工作能力、表現都沒有過去的記錄可證明，因此很少有談判空間。在這個階段的求職者，你的期望應該是「依公司規定辦」。

如果你是具有一定工作經驗的求職者，你應在掌握了一些資訊的基礎上，提出一個合理的範圍；如果你不確定自己提出的期望待遇是否恰當，也許你可請教對方──「這樣的職務通常在貴公司的待遇如何？」

二、做到心中有數

你應該對你將要面臨的情況作一個全面的調查，做到心中有數。比如：這家企業的狀況如何，現在市場上同行的行業薪資是多少，你最理想的情形是什麼，能夠接受的條件是什麼，在哪些問題上可以做出讓步等。

三、讓對方感到雇用你是值得的

談論薪水時你不妨先換位考慮：如果你是企業管理者，你希望你的員工是什麼樣的？只有先把你和企業之間的「關係」理順了，談起薪水問題，才會順理成章。你應該從企業的需求出發，展現你自己，讓對方認識到你能為企業做些什麼，帶給他們什麼樣的利益，你具有什麼樣的技術知識、潛力和解決問題的能力等等。

總之，你要讓對方感到雇用你是值得的。等對方認定你是最佳人選，這時再爭取高薪、福利就不再是很困難的事情了。在提出薪水要求時，不妨只說一個大致範圍，為雙方都留有一定的餘地。比如說，要求薪水在三萬至五萬元之間。

四、充分瞭解企業的福利政策

福利是員工收入的一個重要組成部分，透過它還可以反應出企業的人情味、凝聚力、對員工的重視程度等，這些對員工來說是非常重要的。

所以，在關注薪資的同時，你也應該充分了解企業的福利政策。在很多大型跨國公司，職員的薪水有時並不很高，但是福利待遇很好，比如高達薪水四〇%的年終獎金。因此，在這些公司，很多員工可以保持很高的生活水平。

五、問薪水問題要注意方式，把握好時機

面試時，在談到你的工作經歷時，招聘者往往會問你現在的收入情況。你可以在回答了對方的問題後，反問一句：這個標準與貴公司相比有多少差距？當然老練的招聘者不會回答準確數字，但是因為有了比照對象，他（她）的回答也許會含蓄些，比如：「不會低於過去的收入」，或「目前我們可能還達不到這個水平，但差距不會很大」之類。

透過這些回答，你可以推算出新單位的大致薪酬水平。即使對方不作正面回答，或對這個問題有反感，但由於這個問題是「承前啟後」的，所以也無法過分怪罪於你。

還有一些招聘單位在面試時會主動問：「你期望的薪資大約是多少？」

這時，你可以以退為進提出反問：「我願意接受貴公司的薪資標準，不知按規定這個單位的薪資標準是多少？」這樣，你不但沒有露出自己的底，反而可能摸清了對方的底。如果你對對方的標準滿意的話，那麼雙方就可能一拍即合了。

薪資問題在面試中是一個比較敏感的話題。一般的情況下，很多人都很想在面試中就能夠明確自己的報酬，但卻難以開口。尤其是對於很多女性來說更是如此。

Chapter 4

不是交際應酬也不是逢迎巴結的職場生存術

同事交往應注意自己的言行

與同事保持良好的關係在工作中是非常重要的。因為同事都是在同一個單位或辦公室工作的人，如果關係融洽，心情就會很舒暢，這不但有利於工作的進行，而且也有利於自己身心的健康。而如果與同事之間的關係不是很好，甚至有些緊張，那樣無論是在你的生活中還是工作上，都會讓你感到很困擾。

導致同事之間關係不夠融洽的原因，除了重大問題上的爭執和直接的利害衝突外，平時不注意自己的言行細節也是一個原因。

那麼，想要保持同事之間的良好關係，在日常的工作中應該注意那些言行細節呢？

一、積極地與大家分享單位裡的好事

單位裡發物品、領薪水條等，你先知道了，或者已經領了，一聲不響地坐在那裡，好像沒事似的，從不向大家通報一下，有些東西可以代領的，也從不幫別人領一下。這樣幾次下來，別人自然會覺得你不合群，缺乏團體意識和合作精神。以後他們有事先知道了，或有東西先領了，也有可能不告訴你。如此下去，彼此的關係就會越來越冷淡了。

二、熱情對待同事的朋友

同事出差去了，或者臨時出去一會兒，這時正好有人來找他，或者正好有電話找他，如果同事走時沒告訴你，但你知道，你不妨告訴他們；如果你確實不知道，那不妨問問別人，然後再告訴對方，以顯示自己的熱情。

明明知道，而你卻裝作不知道，一旦被同事知道了，那彼此的關係就勢必會受到影響。外人來找同事，不管情況怎樣，你都要用自己的真誠和熱情去接待，這樣即使沒有起實際作用，外人也會覺得你們同事之間的關係很好。

三、讓同事瞭解你工作中的事情

工作的時候，難免會有很多與工作無關的事情，急待你去解決。這時候，雖然你向你的主管請了假，但最好你還是跟辦公室的同事說一聲。有時候，即使你臨時出去的時間很短，也要和同事打個招呼。這樣，倘若主管或客戶來找，同事也才能代你轉達或接待。

如果你什麼也不說，進出神祕兮兮的，有時正好有要緊的事，同事就沒有辦法及時告訴你，有時也會懶得說，到最後受到影響的恐怕還是自己。互相告知，既是共同工作上的需要，也是聯絡感情的一種方式，它也表達出了雙方互有的尊重與信任。

四、把同事當作生活上的朋友

自己的私事一般是不需要和同事說的，因為同事畢竟不是知心朋友的那種關係。但是有些私事說說也無傷大雅，比如：自己男（女）朋友的工作、自己的生活習慣、喜好等等。這些與工作沒有很大關係的事情，平常與同事一起聊一聊，都是連絡感情的一種方式。如果你有小孩子，也可以聊一下有關孩子的教養問題，這些都是很好的話題。這樣，在同事之間不僅能形成很好的溝通，也可以增進彼此之間的瞭解，加深情感。如果這些平常的話題從來都不肯跟同事說，這哪能算是同事呢？

無話不說，通常是表示人與人之間的感情深；有話不說，也顯示出人際關係的疏離。主動跟別人說些自己的私事，別人同樣也會向你訴說，有時還可以互相幫忙。如果什麼也不說，什麼也不想讓人知道，別人又怎麼能信任你呢？信任是建立在相互瞭解的基礎上的。

五、不要過於探究同事的家庭

每一個人都有自己的隱私，尤其是同事之間。有時候，人家不願意說的事情，不要一直追根究底地去問個不停，這種做法是一種令人極其反感的行為。有些人熱衷於探聽，事事都想瞭解得清清楚楚，這種人是不受歡迎的。

你喜歡探聽，即使什麼目的也沒有，人家也會忌你三分。從某種意義上來說，探聽人家的私事，總是一種不道德的行為。

六、適當地向同事求助

求人不如求己，平常的時候，不要輕易的去求助於別人，因為求助於別人不僅會給他人帶來麻煩，而且也會使自己欠下一個人情。但是，偶爾求助於別人，反而能表示你很信任他，這樣不僅能使同事之間的關係融洽，而且也能加深彼此的情感。比如：你身體不好，你同事的另一半是醫生，你雖然不認識，但你可以透過同事的介紹認識，以便診治得更仔細點。倘若你偏不肯求助，同事知道了，反而會覺得你不信任別人。你不願求別人，別人也就不好意思來求你；你怕別人麻煩，別人也就認為你也是很怕麻煩。

良好的人際關係是以互相幫助為前提的。因此，求助他人，在一般情況下是可以的。當然，求助別人的時候，一定要講究分寸，盡量不要使別人感到為難。

七、不要與某一個人特別的親近

一般來說，每個辦公室都會有好幾個人，你在與同事往來的時候，儘量要保持平衡，始終都要保持在同事的關係上。也就是說，不要對其中的某一個同事過分的親近或特別疏遠。

在平時，不要老是和同一個人說悄悄話，進進出出也不要總是和同一個人。這樣你們也許很親近，但一旦有了爭執的時候，就會更加的疏遠，這樣不僅會影響到你的工作，而且也會影響到其他同事，這樣也不是很好。並且還會讓很多的人誤會你們是在搞小團體，如果你經常在和同一個人咬耳朵，別人進來又不說了，那麼別人難免會聯想到你們在說別人壞話的想法。

八、與同事談論不要爭強好勝

與同事相處的時間相對來說是很長的，這就免不了在很多的問題上要探討和爭論。有些人喜歡看別人出糗，佔別人的便宜，雖然只是開個玩笑，也絕不肯以自己理虧而告終；有些人喜歡爭辯，有理要爭理，沒理也要爭三分；有些人不論是國家大事，還是日常生活中的小事，一見對方有破綻，就死抓住不放，非要讓對方認輸不可；有些人常常主動出擊，人家不說他，他總是先說人家……這種喜歡在嘴巴上佔便宜的人，實際上是很愚蠢的，這種人給人的感覺是太好勝，鋒芒太露，難以合作。因此，出糗、開玩笑，有時不妨吃點虧，以示厚道。

如果什麼事情你都想佔便宜，什麼事情都想表現得比別人聰明，到最後往往是讓別人更加地討厭你，從而疏遠你。

這些細節看上去雖然不是很重要，但習慣都是在日常生活中養成的，時間久了，你可能就成為辦公室裡最不受歡迎的人。所以，在小的事情上，一定要多注意自己的言行。

與同事在工作中愉快地相處

對於工作中的問題，如果和同事有不同的意見和看法，同事之間完全是可以直言不諱地進行討論和溝通處理的，因為公司通常會有一套有關工作的組織制度在制約著對方，所以，同事之間一般不會因為工作上的問題爭議而相互忌恨、彼此隔閡。但是，仍有一些與工作有關聯的瑣碎、具體事情，需要好好地對待和處理，因為這些事情處理得好與不好，直接關係到能否培養良好的人際關係。以下幾點不可不注意。

一、擁有良好的辦公室人際關係

每個人都有自己獨特的個性，這也是一個人區別於他人的顯著特徵之一。人與人之間的個性難免會產生衝突，即使你很隨和，但也還是會有人和你發生衝突。他們大多是在你辦公室周圍，而在工作上又不得不和他們打交道，所以你可就有麻煩了。

話說回來，世上本來就沒有天生的壞人，只不過因為有的人做過壞事而被稱為壞人罷了。就算是跟你合不來的人，也不可以認定你們對所有事物的觀點都不合。

如果只看到別人不好的一面，那實在太可悲了，人與人之間本來就該彼此肯定且欣賞對方的優點。過分苛刻地探討人的異同，你的周圍就會充滿異類。只要你心中尚懷著成見，馬上就會表現在你的話語及態度上。原來，這麼多跟你合不來的人，其實都是自己心理作祟所造成的結果。

同在一個辦公室裡，你不和他人合作是行不通的。只有先根除自己心中的芥蒂，即使聽到不中聽的言語也當作沒有聽到，不要讓成見佔據你自己的心靈，這樣你就能夠擁有良好的辦公室人際關係了，從而也就能夠很容易的和他人合作了。

二、對男同事多一份關心和理解

在常人的思維中，男人就應該把一切事情都做好，而且男人必須要有豪邁粗獷的男子氣概。其實這種想法是錯誤的。因為男人通常在生活和工作中所承受的壓力都比女人大，所以一旦遇到男同事焦躁不安、借題發揮的情景，應該給予更多的關心和同情。因為一個對工作十分努力、殫思竭慮的人，如果沒有達到理想的目標，比如：眼看著可以簽訂的正式合約卻在最後的商談中失敗了，這往往會令人很頹喪，感到懊惱。有些年輕男士遇到這種情況，常會把苦悶、懊惱發洩出來，以求得心理上的平衡。在這種情況下，作為同事的你，一定要表示你的理解和關心。只有這樣做，才會改進和完善與男同事之間的人際關係。

三、對女同事要多給予幫助和體諒

女同事在工作中遇到困難的時候總是大於男性同事，這就需要別人給予更多的體諒和幫助。比如：一位女同事邊看錶邊歎息說：「要是不加班的話，今天的工作鐵定完成不了。」這時你不妨伸出援助之手，使對方感到有依靠，減輕負擔，提高工作效率。這次你伸出援助之手，下次當你碰到困難時，她必定會義無反顧的幫你的忙。工作中這種相互合作的行為是最常見的，也是最值得學習的。

四、坦誠地告知同事的錯誤

同事間人際關係的改進和完善，不應該僅僅是在理解與關心上。在遇到原則性的問題時，尤其是察覺同事有犯錯的傾向時，一定要坦誠相告，直言不諱地提醒。有的人往往擔心，這樣做會不會傷了彼此之間的感情，造成人際關係的惡化呢？於是猶豫不決，結果帶來不可避免的重大錯誤和損失。

所以，不論對方是年長的前輩，還是同齡的人，一旦發覺有犯錯的傾向時，用不著多做考慮，坦誠地告知對方，以期儘快改正。事實上，說出真心話，是對同事的一種信任、愛護和關心，不但可以使公司免去重大損失，而且可以使同事避免因

「一失足而成千古恨」的遺憾。

五、把工作放在首位

在職場中，能被同事們接受和喜歡是值得欣喜的。但是衡量一個人是否受到周圍人喜歡的標準，並不在於他如何笑容可掬和裝出一副惹人喜歡的模樣，而是在於這個人如何對待工作，任務完成得如何，效率是否高，是否經常有合理的意見和建議，是否經常為公司和周圍的人著想等等。所以，在工作場所中，大可不必為了得到周圍人的喜歡而放下手中工作，一味的去想辦法取悅於他人。

只有認真工作，奮發努力，積極向上，你才能更進一步的獲得周圍人的喜歡和尊重。

與各種不同性情的怪同事和睦相處

每一個團體單位中，都會有一些不好相處的人。如果能夠和這些人相處得，那麼在辦公室就不愁沒有好的人際關係了。而這就需要你根據對方是哪種性情的人，對症下藥，見機行事，這樣與他相處起來就容易得多了。

一、清高狂傲型

清高狂傲的人，在現實的生活中是很多的，這種人看不起任何人，包括自己的頂頭上司。他們處處要顯得與眾不同，比別人優越，他們上知天文，下知地理，剛剛從報上看到的知識或者奇聞，就會把它當成自己的學問當眾賣弄。其實，這種人的內心是非常自卑的，他們多半是目光短淺的人，沒有見過什麼世面。對這種人，根本用不著跟他計較，他喜歡吹噓自己，就由他去吧！即使是他貶低了你，你也沒有必要和他計較，因為如果你這樣做的話，就證明了你也是和他也一樣的狂傲。

二、傲慢無禮型

傲慢無禮的人，通常他（她）的修養也不是很好，這種人是很難對付的。他們一般都是以自我為中心，常常擺出一副盛氣凌人、唯我獨尊的姿態，但卻又缺乏自知之明。與這種人共事的時候，千萬不要低聲下氣，也不要以傲抗傲，你只需長話短說，把需要交代的事情簡明交代完就行了。

三、性情古怪型

性情古怪的人多半是天生的，遺傳因素佔了很大的比重。但是他們不勢利，也不喜歡和人同流合污。你可能會和他產生衝突，但千萬不要太在意。因為一般的衝突對於他們來說是很正常的，很容易過去或淡忘。之後他們還是會像從前一樣和你交往。所以不要企圖改變他們，當然他們也不會改變你，獨來獨往是他們的習慣。對於這種人，不必有過深的交往，也不要對他們有什麼過於激烈的行為和言語。

四、固執己見型

這類的人一般觀念陳腐，思想老舊，但又堅決的抵制外來建議和意見，剛愎自用，自以為是。對待這種人，僅靠你三寸不爛之舌是難以說服他（她）的。你不妨單刀直入，把他（她）工作和生活中的某些錯誤做法一一列舉出來，再結合目前需要解決的問題，提醒他（她）將會產生什麼嚴重後果。這樣一來，他（她）即使當面抗拒你，內心也會開始動搖起來，懷疑起自己決定的正確性。這時，你趁機說出自己的觀點，動之以情，曉之以理，那麼，他（她）接受的可能性就會大得多了。

五、搬弄是非型

這種人與前一種類型的人相比有本質上的不同。他們喜歡到處打聽周圍人的隱私，並樂於製造、傳播一些謠言，企圖從中獲得些什麼。而且，在他們的心中，任何人都不在話下（上司除外），而他們自身卻沒有什麼所長。這種人真的讓人很討厭，但他們並不可怕。所以，你也不必如臨大敵般的與他們計較。只要他們說的話不構成誹謗，又能傷害你什麼呢？

六、欺負新人型

這種人的思想，其實在我們每個人的身上都或多或少的有一些。他們對待新到的人，不管性別、年齡怎樣，都會在相當長的一段時間裡不把你當一回事，指使你做這做那，這種人並非真正的壞人，最多也只能算是個修養較差的「小市民」，只要他們做得不過分，你最好還是忍耐一下。只要經過一段時間，他們自然會接受你的。不過你如果不願忍，或者說沒有那麼長的等待耐性，那你不妨抓個好時機，反擊他們一兩次。而這種人一般都是欺善怕惡的人，只要你反擊，十有八九他們不敢再那樣指使你了，他們的矛頭很快就會指向下一個新來的人。

七、自私自利型

這種人一般比較缺乏關愛，內心比較孤獨。他（她）永遠把自己和自己的利益放在第一位。你要他（她）做些於己不利的事，那你便難於和他（她）溝通了。和這種人相處，你必須從心靈上關心他（她），讓他（她）感受情感的溫暖和可貴。

八、家庭主婦型

這一類的人不僅是指女人，有一部分男人也有點「家庭主婦」的味道。這種人一上班進辦公室，就把家裡昨天晚上直到今天早上發生的事，一五一十地跟辦公室裡的人講。如果實在沒什麼好說的，就會跟你重複昨晚的電視劇。單位裡的事情沒有一件是他們不知道的，東家長西家短的，手裡做著工作，嘴巴也從不閒著。他們還有另一個嗜好就是喜歡佔小便宜。這種人讓你心煩，尤其是在你心情不好時，聽見他們在你耳邊嘮叨，可能會讓你恨不得罵個兩句才能解恨。不過你千萬不要發火，這樣的人，你少接他們的話就是了，他說什麼你全當做沒有聽見。這樣的人，在關鍵時候不太會說你的壞話，還可能替你說好話，因為他們比較有同情心。

九、陰毒險惡型

陰毒險惡的人是最令人頭疼的，因為如果你不是與他在一起工作很長的時間，你是無法輕易的發現他們的陰毒，他們總是表現得與他們的本質相反。在你剛與之接觸時，他們都顯得非常熱情主動，並會積極地為你解決一些小困難，而且替你想得很周到，也表現出真的是為了幫助你的樣子，在客觀上來看也能達到使你更好的效果。但是，這裡有個前提，你不能侵犯他們的利益。若是你侵犯了一點點，他們是可以忍讓，甚至他們也會自己犧牲些小小的利益，比如：些微的金錢，些微的時間。但是，在關鍵時刻裡，你是絕對不能占他們便宜的，也絕對不能走在他們的前面，比如：晉級、加薪等。否則的話，他們會立即拉下臉來，與你拼個你死我活。

這種人很難對付，因為他們一般早已以他們的假相取得了上司的信任，你如果沒有真正的實力，是萬萬不能與之鬥爭的。如果你發現了這種人，最好是少招惹他們為妙；但敬而遠之也不行，因為他們才是真正的「小人」，「近之則不遜，遠之則怨」。最好的辦法是與他們共事時，多裝糊塗，讓他們放下防備之心，覺著你對他們沒有什麼威脅。如果你真的想與他們一比高下的話，你必須越級向更高層的上司反映他們的惡行，同時還要有一旦不成功，便立即離開他們的準備。

由於教育程度、家庭背景、興趣愛好與價值觀的不同，也就形成了各種不同性情的人。

把握好和同事說話的分寸

可以說，每天在辦公室裡和同事見面的時間是最長的。當然話題的內容也就會很廣泛，工作中的、生活上的都會涉及到。如果說話不適宜，就會給彼此帶來不必要的麻煩。在同事中，正人君子有之，奸佞小人有之。在複雜的環境下，不注意說話的內容、分寸、方式和對象，往往容易招惹是非，授人以柄，甚至禍從口出。與同事間的談話必須要掌握好分寸：

一、說話時要學會察言觀色

很多人說話的時候，總是不看別人臉色，滔滔不絕，不管時機場合，只想滿足自己的表現欲望，這是一種素質和修養不佳的表現。如果你說話的時候能夠注意到對方的反應，不斷調整自己的情緒和講話內容，使談話更有意思，更為融洽。

二、對於他人的隱私和錯誤視而不見

喜歡當眾談及對方隱私和錯誤是一種很令人討厭的行為。心理學家研究證明：

誰都不願把自己的錯誤或隱私在公眾面前「曝光」，一旦被人曝光，就會感到難堪而惱怒。因此在交往中，如果不是為了某種特殊需要，一般應儘量避免接觸這些敏感話題，免得對方當眾出醜。必要時可採用委婉的話語，暗示你已知道他的錯誤或隱私，讓他感到有壓力而不得不改正。知趣的、會權衡的人只需「點到即止」，一般人通常會顧全自己的顏面問題而悄悄收場的。當面揭短，讓對方出醜，說不定會讓對方惱羞成怒，或者乾脆耍賴，到時候就會出現很難堪的局面。至於一些純屬隱私、非原則性的錯誤，最好的處理辦法是裝聾作啞，千萬別去追究。

三、辦公室不是自己吐露煩惱的地方

很多人把辦公室當作自己的半個家，每當遇到生活上的苦惱時，總是喜歡向同事傾吐，雖然這樣能夠加深你們之間的感情交流，但是研究調查指出，只有不到一％的人能夠嚴守祕密。所以，當你有個人危機、失戀、婚外情等發生時，你最好不要到處訴苦，不要把同事的「友善」和「友誼」混為一談，以免自己成為辦公室裡的注目焦點，也容易給老闆留下問題員工的印象。

四、與同事的談話不要爭強好勝

有些人喜歡爭論，一定要勝過別人才肯甘休。假如你實在是愛好並擅長辯論，那麼建議你最好把此項才華留在辦公室外去發揮，否則，即使你在口頭上勝過對方，但實際上是你損害了他（她）的尊嚴，對方可能從此記恨在心，說不定有一天他（她）就會用某種方式報復你。

五、在辦公室裡莫論人非

生活中總是少不了愛說別人壞話的人，只要人多的地方，就會有閒言碎語。有時，你可能不小心成為「放話」的人；有時，你也可能是別人「攻擊」的對象。這些背後的閒談，比如：主管喜歡誰？誰最吃得開？誰又有緋聞等等，就像噪音一樣，影響人的工作情緒。聰明的人要懂得，該說的就勇敢地說，不該說的就絕對不要亂說。

與同事分享生活中的快樂是必要的，但如果涉及到工作上的資訊。譬如：你爭取到一位重要的客戶，老闆暗地裡發給你一筆獎金等，最好不要拿出來向同事炫耀。只怕你在得意忘形中，忘了有某些人的眼睛已經開始發紅了。

避免在辦公室裡說的幾種話

辦公室是同事們工作的地方，閒言少，麻煩也就少了。以下幾個問題在辦公室的閒談中是應該儘量避免的：

一、不要四處打聽同事的收入

在某些公司裡，老闆是不大喜歡員工相互的打聽薪水問題的，因為同事之間的薪資往往是有些差別的，所以發薪時老闆總是有意的單線聯繫，不公開金額，並叮囑不得讓他人知道。同工不同酬是老闆常用的方法，用的好，是獎優罰劣的一大法寶，但它也是把雙刃劍，用的不好，就容易引起員工之間的猜疑，而且最終還是會將矛頭直指老闆，這當然是他所不想見的，所以對「包打聽」之類的人總是格外的防備。有的人在打探別人時，喜歡先說出自己的資訊，比如先說「我這月的薪資……獎金……你呢？」如果（他）她比你的錢多，她（他）會假裝同情，心裡卻暗自得意；如果她的沒你多，她（他）就會心理不平衡了，表面上可能是一臉羨慕，私底下往往不服氣，這時候你就該小心了。背後做小動作的人通常是你一開始就不設防的人。首先自己不做這樣的人。其次如果你碰上了這樣的同事，最好及早做好準備，當她把話題往薪資上談時，你要儘早打斷她（他），說些別的話題，她（他）就不好意思窮追不捨的問下去了。

二、慎重的談論辦公室裡的人和事

在辦公室裡，即使老闆和祕書的關係不尋常，你也不要大張旗鼓的四處去渲染，如果有別人說那是別人的事情。因為這種關係通常都是不願公開的祕密，尤其是在辦公室裡，人事關係的微妙性是你最應該清楚的，有人升遷，有人被炒魷魚。你不是老闆，你不知原委就免開尊口，至於誰是老闆的親戚你知道就好了，犯不著四處宣傳或在人家的背後嘀咕。同樣，有些類似「公司福利不好」、「公司老是加班，不給加班費」……等等的話，在同事之間這種話說了也是白說，因為他們畢竟不是老闆，而這些話如果被傳來傳去，又加上被人添油加醋的，這會讓你連解釋的機會都沒有。或者你跟一個要好的同事說要怎麼整老闆、如何偷懶之類的小伎倆，萬一哪天他晉升了，而且又是你的頂頭上司，你說你是不是有點尷尬？說不定你走運，成為他的主管，想一想從前說過的話，多少也會有點不自在。早知如此，又何必當初呢？

三、不要張揚自己的家境

性格直率是受人歡迎的，但這種坦率也是有一定原則的，什麼話應該說，或不能說都必須要有自己的原則和分寸。即使你剛新買了別墅或是出國到歐美國去渡假，這樣的事情的確很值得欣喜，但是不要拿到辦公室來炫耀，因為有些快樂，是分享的圈子越小越好。被人妒忌的滋味並不好，因為容易招人算計。無論露富還是哭窮，在辦公室裡都顯得做作，與其討人嫌，不如知趣一點，不該說的話不要說。

四、私人的情感生活是祕密

工作中最忌諱的事情，就是把自己的個人情緒帶到工作上來，無論你是熱戀還是失戀，都不要在工作上表現出來。辦公室裡說話也許很容易，但不是你發洩情感的地方。很多事說起來只圖個痛快，不看對象，事後往往會讓自己懊悔不已。可惜說出口的話如同潑出去的水，再也收不回來了。把同事當知己的害處很多，職場實際上是個競技場，每個人都可能成為你的對手，即便是合作得很好的搭檔，也可能突然翻臉，他知道你越多就越容易攻擊你，你暴露得越多就越容易被擊中。比如：你曾告訴她你的男友移情別戀了，她這時候就會說：「連男朋友都不能搞定的人，公司的事情怎麼能放心交給她。」

職場上風雲變幻，環境險惡，你不害人，但同時也不得不防人，要學會把自己的私人區域區隔開來當成辦公室話題的禁區，不輕易的讓他人涉足，其實是非常明智的一招，也是競爭壓力下的自我保護。

「己所不欲，勿施於人」，如果你不先開口打聽別人的私事，自己的祕密也不易被打聽。千萬別聊私人問題，也別議論公司裡的是非短長。你以為議論別人沒關係，用不著幾個來回就會繞到你自己的頭上來，引火焚身，那時再逃跑就顯得被動了。

五、讓原來的單位成為永遠

不要總是說原來的單位怎樣怎樣，好與不好，這都是不應該在新的同事面前說的，尤其是主管更是不願意聽。如果你說：「我原來的公司是個有制度的大公司，那裡的管理水平高，工作環境比現在好，效率比這裡快……」老闆可能會立即拉下臉來，譏諷你：「那麼好，你就回去吧！」即使老闆不在場，同事其實也不愛聽你回憶昔日的榮耀，每個員工對自己任職的公司多少會有心理歸屬感，貶損公司，員工很容易以為你也在看扁他。就算你說的都是事實，原來公司確實不錯，但畢竟你現在端的是新公司的飯碗，這麼不忘舊總是有點不近人情。

但也別以為喜新厭舊就好，如果你在現在的老闆面前大談原先老闆的不是，情況只會更糟。他覺得你今天能這樣議論原先單位的不是，下次就會這麼說現在的單位。

六、辦公室只是安心工作的地方

在辦公室裡大談人生理想顯然滑稽，工作就安心工作，雄心壯志回去和家人、朋友說。在公司裡，要是你沒事整天說著：「我要當老闆，自己創業」，這很容易被老闆當成敵人，或被同事看做異己。如果你說「在公司我的能力至少可以當個副總」或者「三十歲時我必須做到部門經理」，那你很容易就把自己放在同事的對立面上。因為野心人人都有，但是位子有限。你公開自己的進取心，就等於是公開的向公司裡的同事挑戰。僧多粥少，樹大招風，何苦被人處處提防，被同事或上司當成威脅。做人要姿態低一點，這是自我保護的最好方法。

你的價值表現在做多少事上，在該表現時表現，不該表現時就算韜晦一點也沒什麼不好，有能力的人是把能力放在做大事上，而不是放在說大話上。

從說話方面表示對同事的理解

在工作中，多瞭解同事的做事原則，不僅能夠讓我們學會理解他人，而且還能夠讓我們學會承擔責任，提高與人交往的品質。因此，我們在說話的時候要注意以下的問題：

一、不知道的事情不要勉強

同事之間總是會有很多的事情需要相互求助的，如果遇到你不能解決的問題，一時答不上來，你大可直言相告：「很抱歉，這個問題我也不甚瞭解。這樣吧！讓我仔細的想一下，然後再告訴你。」接著，再去尋找答案，或找一個能回答這個問題的人。如果不懂得察言觀色，不懂得自圓其說都可能令人感到氣惱。

二、善於理解同事的行為

「你究竟在擔心什麼?可以告訴我嗎？」或「現在我明白了，難怪你會感到這麼沮喪」。而不要粗暴地拒絕同事的求助：「喂，你沒看見我正忙著嗎？」或者

「這是某某人的錯，關我什麼事呀？」草草結束談話、頤指氣使或者給人家臉色看都不是可取的行為，它將直接影響到同事相互之間的感情。

在對待某些問題上，不必非得持某種極端立場，你完全可以採取中立的態度。「我知道了」或「我明白了」或「你能不能把整個事情的前前後後都跟我說呢？」而不必說「噢，我知道你的言下之意了」或者「這樣是不對的」。

很多時候，同事之間的談話並不一定要持相同的觀點，相反，有的人只是想找個人傾訴衷腸。為了表示你的確是在認真地聽他們說話，你不妨使用下述的幾種關注方式：

「你究竟在擔心什麼？能說得更詳細一點嗎？」

「你為什麼對這件事特別擔心呢？」

「如果你和某某人友好相處的話，那結果又會是如何呢？」

「能說得詳細一點嗎？我還是不太明白。」

三、以低姿態去和同事交流

當同事固執己見，而且顯然把自己的觀點視為最佳方案時，交談很可能會不歡而散。你可以用一些試探性的問題來掩飾自己的不滿，並嘗試著讓他改變初衷：「可以看得出來，您對這種方法十分滿意。您認為這種方法的最大優勢是什麼呢？」或者「如果您不得不採取另一種策略的話，那麼您會怎麼做呢？」

記住：不要總是想著要去說服同事。因為這其中可能夾雜著過多的個人喜好。相反的，你不妨把重心放在你所採取的步驟，以及它可能對同事或團隊產生的作用上（這是深入交談的一種更為切實可行的方法）。當人們（包括你自己）固執己見時，溝通往往難以取得理想的效果，因為同事很可能覺得你對他的觀點不夠重視。

在交談中，如果雙方發生了分歧，那麼我們應該嘗試著去尋找一個共同點。比如：我們雙方都感興趣的是什麼呢？

四、承認給同事造成的不便，重申你的目的

「非常感謝您的合作！我知道檢查電腦系統，肯定給您帶來許多不便，但是，我們這麼做將會為您省去諸多麻煩，讓您高枕無憂。」

五、如果不得不進入同事的工作空間，應該事先通知他們

突然造訪或臨時通知都將授人以柄，因為這往往會被視為不尊重同事的表現。

六、除非迫不得已，否則不要發號施令

謙恭的語言、謙遜的態度，較能喚起同事的合作熱情。所以，在下達任務時，你不妨說：「有一種可行的做法是……」「這種方法可能行之有效……」「對我來說，該項目最好的結果是X、Y、Z。你能否告訴我用什麼樣的辦法才能讓我如願以償呢？」或者「換成是我，我可能會這麼做……」而不要說「你一定要做到X、Y、Z」或者「你應該這麼做」。

七、明確告知同事自己的需求

話題轉換得過快會給別人造成巨大的心理壓力，因為在瞬息萬變的話語中，許多人可能會覺得無所適從、無能為力。你應該明確地告訴他們：你需要什麼，在什麼時候要。如果可能的話，你可以告訴同事你所採取的方法，可能給他們帶來什麼好處。別讓同事一個勁地猜測你究竟需要什麼，也別讓他們一個勁地猜測你的行為可能對他們造成什麼樣的影響。

八、保持積極的心態來傾聽

「他說的這種方法最可取的是什麼？」或者「我可以從中學到什麼？」這將有助於你保持一種積極的心態。

記住，傾聽意味著提出聰明的問題。挑剔或抱怨往往會暴露出說話者的心虛或恐懼。我們應該像鑿井人那樣，探尋人類心靈的最深處。

透過行為提高在同事間的影響力

在一個團體中，人與人之間的關係都是相互依賴、相互影響的。透過影響他人，從而激發出同事參與的積極性，提出新的觀點和意見是至關重要的。以下的這些建議，能夠提高你對他人的影響力：

▼需要幫助的時候要主動去求助於他人，養成團結合作的工作態度。

▼尊重他人、體貼地對待他人，保護他人的尊嚴。如果你能做到這樣，別人就會用同樣的方式來對待你。

▼對於同事之間的分歧，要立即進行處理。不要向你的主管打小報告，請求主管對你的同事施加壓力。你需要憑藉自身的力量對他們產生影響力。

▼盡可能地為他人提供幫助。如果你能夠為他人提供幫助，在你需要幫助時，他人也總是能夠主動地幫助你。

▼尋找適當的機會為他人提供方便，這樣人們會對你心存感激，在需要的時候

為你提供方便。你應該格外關注以下這些人：具有特殊技能的人；具有專業知識的人；消息靈通的人。

在你向以上這些人提供幫助的同時，他們也會適時地幫助你。

▼平等地對待他人。如果你在公司中居於高位，不要濫用手中的權力。否則，你很可能會受到其他人的報復。同樣，如果你利用你的職位謀求利益，你將無法贏得真正合作所需要的信任和尊重。

▼積極而樂觀地和他人進行交流。要認識到人與人之間是不同的，要把每個人都當作獨立的個體來看待。把注意力集中在那些能夠激勵其他人的事物上。

▼找到和其他人交流的切入點。讓他們明白，你能夠幫助他們得到他們需要的東西。考慮你自己的需要，明確你的需要與他們的需要在哪些方面是一致的。

▼發揮你的能力和優勢，對其他人加以影響。

先例的力量：當你說明自己的觀點曾經在類似的情況下有效地發揮作用時，你就在發揮先例的力量。成功的事實可以作為極好的先例來使用。

事實的力量：當你提供的資訊來自於可靠的資訊源，並且有充足的證據支援你的觀點時，你就在利用事實的力量對其他人施加影響。

競爭的力量：當你證明你的觀點優於其他人的觀點，能夠推動公司的進步時，你就在發揮競爭的力量。同樣，如果你在陳述觀點時說明你對公司其他方面事務的興趣時，你也就在同時激勵其他人對公司的事務投入更多的關注。

理性的力量：當你用具有很強說明力的事實和資料，而不是個人觀點來說明問題時，你就在發揮理性的力量。

知識的力量：當你證明自己是某一工作領域的專家時，你就在發揮知識的力量。大多數人的力量：當你發現並能證明很多人的感受和你一致時，你就在發揮大多數人的力量。如果能做到這一點，你就可以在相當大的程度上發揮自己影響他人的效力了。

應酬是一門深奧的學問

應酬是生活中很重要的一部分，也是一門人情練達的學問。為人處事，同事之間有許多事需要應酬：張三結婚，李四生日，王五得了貴子，馬六新升了職務，這些事要躲當然也能躲開，但別人會說你不懂得人情世故。善於社交的人，常常會豎起耳朵來打聽這一些事，幫人湊熱鬧、送禮請客，皆大歡喜。為什麼？因為他（她）把日常生活中的應酬，看作是一門人情練達的學問。

如果有一位同事過生日，大多數的同事都去參加生日宴會。可是當你看到有這麼多人都來為同事慶祝的時候，你可能會產生很多另類的想法：在自己過生日的時候為什麼沒有人來慶祝？這就是問題所在，這說明了你的應酬還不及格，你的人際關係還有待加強。要扭轉這種內心的失落，你不妨積極主動些，多找一些藉口，在應酬中學會應酬。

比如：你剛領到一筆獎金，又適逢生日，你可以採取積極的策略，向你所在部門的同事說：「今天是我的生日，想請大家吃頓晚飯，敬請光臨，也請大家別帶禮物。」在這種情形下，不管同事們過去和你的關係如何，這一次都會樂意去捧場的，你也一定會給他們留下一個比較好的印象。

重視應酬，一定要入境隨俗。如果你所任職的公司裡，升職者有宴請同事的習慣，當然你也不要破例，否則，就會被封上一個「小氣」的名號。

如果人家都沒有請過，而你卻獨開先例，同事們會認為你太招搖。所以，要按約定俗成來辦。這樣你才能在同事之間留有很好的印象。

對於深交的同事，有求必應，關係密切，無論何種場面，都能應酬自如。淺交之人，去了也只是應酬，禮尚往來，最好反過來再請別人，從而把關係推向深入。

能去的儘量去，不能去的就千萬不能勉強。比如：同事間的送舊迎新，由於工作的調動，要分離了，可以去送行；來新人了可以去歡迎。歡送老同事，數年來在工作中建立了一定的情緣，去一下合情合理；歡迎新同事就大可不必去湊這個熱鬧，來日方長，還愁沒有見面的機會嗎？

重視應酬，不能不送禮。同事之間的禮尚往來，是建立感情，加深關係的物質樞紐。同事在某一件事上幫了你的忙，你事後覺得盛情難卻，選了一份禮物登門致謝，既還了人情，又加深了感情。同事間的婚嫁喜慶，根據平日的交情，送去一份

賀禮，既添了喜慶的氣氛，又加深了自己的人緣。像這種情況，送禮時要留意輕重之分，一般情況到了就行了，千萬不要買過於貴重的禮物。

同事間送禮，講究的是禮尚往來，今天你送給我，我明天再送給你，所以，無論是怎樣的禮物，應來者不拒，一概收下。他來送禮，你執意不收，豈不叫人沒有面子？倘若你估計到送禮者別有意圖，推辭有困難，不能硬把禮物「推」出去，你可以將禮物暫時收下，然後找一個適當的藉口，再回送相同價格的禮物。實在不能收受的禮物，除了婉言拒收外，還要誠懇的道謝。而收受那些非常禮之中的大禮，在可能影響工作大局和令你無法堅持原則的情況下，即使是撕破臉你也不能收，這總比你日後落個受賄嫌疑要強得多，這叫做「君子愛禮，收之有道」。

要想在同事之間取得更好的人緣和評價，那麼在社交應酬上你就得多多地用心。因為應酬是一門社交藝術，只有善用心思的人，才能達到聯絡感情的目的。

不行啦！找對方式拒絕同事

如果某人向你提出不合理的要求，就要堅決的不要去答應，這就是堅持原則。不要為了保持和氣而喪失立場，不論什麼樣的關係，該拒絕的也一定要決絕。但同時要講究說話方式的靈活性，要根據人際關係的類型和特點，以及根據語言交往的內容、場合和時間等的不同，來採取靈活的策略。

一、用輕鬆幽默的言語婉轉地拒絕

美國總統佛蘭克林・羅斯福在就任總統前，曾在海軍總部擔任要職。有一次，一位好朋友向他打聽海軍在加勒比海的一個小島上，建立潛艇基地的計畫。羅斯福神祕地向四周看了看，壓低聲音問道：「你能保密嗎？」「當然能」。「那麼，」羅斯福微笑地看著他，「我也能。」

佛蘭克林・羅斯福採用的是委婉含蓄的拒絕，其語言具有輕鬆幽默的情趣，這也表現了羅斯福高超的口才藝術，在朋友面前既堅持了不能洩露祕密的原則立場，又沒有使朋友陷入難堪，因此取得了極好的語言交際效果。以至於在羅斯福死後多年，這位朋友還能愉快地談及這段總統軼事。相反的，如果羅斯福表情嚴肅、義正詞嚴地加以拒絕，甚至心懷疑慮，認真盤問對方為什麼打聽這個、有什麼目的、受誰指使，這豈不是小題大做，其結果必然是兩人之間的友情出現裂痕甚至危機。

委婉的拒絕是希望對方知難而退。例如：有人想讓莊子去做官，莊子並未直接拒絕，而是打了一個比方，說：「你看到太廟裡被當作供品的牛馬嗎？當它尚未被宰殺時，是披著華麗的布料，吃著最好的飼料，的確風光，但一到了太廟，被宰殺成為牲品，再想自由自在地生活著，可能嗎？」莊子雖沒有正面回答，但一個很貼切的比喻已經回答了，讓他去做官是不可能的，這種方法就是委婉的拒絕法。

二、用敷衍的方式含糊地回避請求

用敷衍的方式去拒絕別人的請求，是一般人最常用的一種方法，這就是在不便明言回絕的情況下，含糊的迴避請託之人。敷衍是一門藝術，運用得好了就會取得良好的效果。譬如：有一次莊子向監河侯借貸，監河侯敷衍他，說道：「好！再過一段時間，等我去收租，收齊了，就借你三百兩金子。」監河侯的敷衍很有水平，不說不借，也不說馬上借，而是說過一段時間收租後再借。這話有幾層意思：一是我目前沒有，現在不能借給你；二是我也不是富人；三是過一段時間不是確指，到時借不借再說。莊子聽後已經很明白了，但他不會怨恨什麼，因為監河侯並沒有說不借給他，只不過是要再過一段時間再說而已，還是有希望的。

敷衍式的拒絕其具體的方法可分為以下幾種：

▼推託的言辭。

如果你認為有些請求，是你當時不便明言相拒的時候，推託其辭是一種比較策略的辦法。人處在一個大的社會背景中，互相制約的因素很多，為什麼不選擇一個盾牌擋一擋呢？比如：有人托你辦事，假如你是主管成員之一，你可以說，我們單位是由好幾個主管來掌管的，你的事需要大家討論，才能做決定，不過，這件事恐怕很難通過，最好還是別抱什麼希望，如果你一定要堅持這麼做的話，待大家討論過後再說，我個人說了也不算數。這就是推託其辭，把矛盾引向了另外的地方，意思是我不是不幫你，而是我辦不了。聽者聽到這樣的話，一般都會打退堂鼓，會說：「那好吧！既然是這樣，我也不難為你了，以後再說吧！」

▼答非所問。

答非所問是裝糊塗，給請託者以暗示。

如：「此事您能不能幫忙？」

「我明天必須去參加會議。」

答非所問，婉拒了對方，對方會從你的話語中感受到，他的請託得不到你的幫助，只好採取別的辦法。

▼含糊拒絕法。

如：「今晚我請客，請務必光臨。」

「今天恐怕不行，下次一定來。」

下次是什麼時候，並沒有說定，實際上給對方的是一個含糊不定的概念。對方若是聰明人，一定會聽出其中的意思，而不會強人所難了。

三、迴避鋒芒，採用拖延戰術

對方在情緒激動時，所提出的問題，如果不能具體解決，往往容易陷入僵局，故對這類問題要加以迴避。

如是個人的事，你可以說：「這件事太複雜了，先喝一杯再說」，這樣表明態度，一開始就得使對方穩定下來，總比比倆人爭吵不休要好。在正式場合，比如：在開會時引起爭吵的話題，會議主持人應先承認問題的重要性，然後說：「這個問題太棘手，無法立刻回答」，從而牽制住對方。在對方看來，「這個問題，改天再說」的答覆，比明確拒絕要好，可以緩和對方的激動情緒，使其收斂鋒芒，不再糾纏。

四、拒絕別人的時候表示很惋惜

如果有同事想把本應由他自己完成的工作，轉嫁到你的身上，你千萬要避免出自本能的拒絕：「不行啦！您的事我可做不來。」

為了慎重起見，你不妨這樣對他（她）說：「我非常願意幫您的忙，但是不湊巧，我手頭的這份工作還沒做完。依我看，您的能力和專業知識完全可以勝任，不妨您先做做看，或許我還能幫您做點別的什麼？比如說：今天我要上街買東西，您需要我幫你買點什麼東西嗎？」

做任何的事情都要講原則，並且做人也要堅持自己的原則。

如何消除和同事之間的誤會

生活和工作中，總是會有各式各樣的誤會發生。有些小的事情，時間久了，也就忘記了，可是有些誤會若不加以說明，就會讓人總是記在心中。

對於這種誤會，一定要消除。否則，不僅會影響到人際關係，而且對人的身心健康也會產生不利的影響。以下的幾點建議，可以幫助你有效地消除同事之間的誤會：

一、分析原因

遇到誤會的時候，要冷靜地分析原因，找到癥結之所在。如果責任是在自己這一方，不妨主動的去改變。如果是對方的責任，也不要著急或感到氣憤，應該主動地去向同事說明。

二、對症下藥

你可以主動地去和產生誤會的人心平氣和地面談，也可轉托其他人作解釋。若這種方法仍不能消除誤會，可請有關方面出面解決問題。實際上，若是由於錯誤的原因所造成的誤會，倒很容易消除，只要將事實說出來，誤會就會煙消雲散。

三、心地坦然

誤會總是要解釋清楚的，這也只是時間上的一個問題而已。因此，發生誤會後，不妨坦然置之。反之，如果感到自己受了莫大冤屈而氣急敗壞地四處辯白，不但得不到同情，反而有可能讓別人看笑話。

四、氣量寬宏

誤會的產生，很多時候也是由於一些性情古怪的人所造成的。而對於這種人，不要懷有怨恨的心理。劍拔弩張，針鋒相對，不但於事無補，也許還會節外生枝，釀成大禍。

應該看到，在多數情況下，誤會的發生總是意味著誤會者和你之間已有了某種隔閡，只是這種隔閡平時未為你所注意，而在一定的條件下，它趨於表面化了。這時，就需要做一些「修補」的工作。

反之，如果對誤會意氣用事，以其人之道還治其人之身，誤會就很可能成為彼此關係進一步惡化的導火線。至於由於別人的成見，乃至惡意的中傷、誹謗所造成的誤會，針對於這種人格的侮辱，應該勇於對抗，毫不怯儒，必要時可訴諸法律。

對於由於偏見所造成的誤會，則不必過於重視，能扭轉偏見固然很好，無力改變就隨它去吧！「我行我素」這句話有時還是很管用的。

儘管別人的誤會會嚴重挫傷你的情緒，但是人的情緒應當為理智所控制。如果別人的說三道四可以左右我們的言行，那麼，我們就很難成為生活中的強者。而且，在誤會面前消極退卻，反而會授人以柄，使你更苦惱、更消極，並由此而陷入消極情緒和行為的惡性循環之中。

Chapter 5

如何讓老闆賞識自己

和你的主管友好相處

與自己的主管友好地相處，對任何人來說都是非常重要的。對這一既簡單又複雜的問題，人們往往存在兩種錯誤的傾向：

一種是認為，處理好上下級關係是主管的事，我是他的下屬，應該由他來賞識我、器重我，激發我的積極性，我只要盡職工作就行了，不用去操這份心。結果，到頭來自己工作是做得不少，但卻「吃力不討好」，只能慨歎「工作好做，人事難處」了。

另一種人是認為，與主管打好關係，是培養庸俗的好感，於是不斷的對主管奉承、討好、拍馬屁，既喪失自己的人格尊嚴，也於工作無補，對兩者都無益處。其實，與主管保持良好的關係，也有一些體面的、正直的、光明磊落的行為原則。

一、與主管談話時要集中精力

與主管談話時，我們往往非常緊張地注意主管話語中對自己是肯定還是否定，是抑貶還是褒揚的種種訊息，或忙碌地思考著自己該應對的話語，因此，往往沒聽清楚主管正在說些什麼。正確的做法應該是不僅聽得懂上司所談的一切，而且還要聽得懂他所意指的含義。這樣，就意味著你能概括他談話的所有要義，並作出聰慧的應對。

要做到這點，你應該忘卻所有的緊張，把注意力集中到主管的談話上來。當你的主管講完後可以稍作靜思，以示你對他所講的話的記憶和思索。然後，向他提一兩個用以回答他談話要點的問題，不一定是故作複雜的問題，即使是答案很明確的是非題也可以，意在強調你注意並把握了他的談話要點。或者用簡明扼要的措辭，把他（她）的談話概括地說一下。

二、學會簡明扼要地彙報

當你向上司彙報情況的時候，也是有藝術的。簡短就是一種藝術，簡短並不意味著將一大堆資訊用連珠炮式的話語口若懸河地說完。簡短意味著有選擇、簡潔、清晰。將一份備忘錄壓縮在一頁之內，這是一個很好的方法。如果你一定要寫一份詳細的報告給上司，那麼你最好用一頁篇幅將整個報告的內容概括一下，將其置於全文之首。

一篇好文章反映的不是善於寫作的能力，而是善於思考的能力。想得透徹，才能寫得明瞭。因此，在你無論寫什麼呈文時，都要把問題想透徹，然後再動筆。這是使呈文簡潔明瞭、使上司愛看你的呈文的一個重要因素。

三、提建議也要講究方式

如果你想提出一個能讓主管接受的觀點或建議，你應該將你的論據認真的整理，按最有利於闡明你觀點的方法逐一呈示出來，並盡一切可能讓它來表達你的主張。

最好的方法是向你的主管提供可供選擇的多個方案，並分別說明各個方案的優劣利弊，讓你的主管去權衡選擇。這種提供建議的方法可以讓主管做出最終決定，同時也迫使你對問題想得更透徹，其結果對兩者都有好處。

決不要直接反對你的主管所提出的提議。他也許只看到了它的好處，或者他嫌麻煩，因而事先沒聽聽你的提議。不管怎樣，如果你最終認為他的提議不合適，你應將你的意見變通成問題提出來，讓他斟酌。如果你有主管沒掌握的資料來說明你的反對意見，那就更好了。

四、無私地向主管貢獻你的主意和設想

及時向你的主管提供資訊，使他不斷的更新資訊；儘量在會前向他提供所需的事實，以便於他與人談論時引用。無私地向他（她）貢獻你的主意和設想，從長遠來說，你是不會損失什麼的。

有人曾經說過：「一個樂意無私奉獻，讓別人享用他的成果的人，就能產生出很多有利於這個世界的點子和主張。」從某種意義上來講，當你的主管有一個良好的形象時，你的形象也會跟著變好。

五、獨立地解決自己的問題

記住：你能為主管做得最好的事是做好你的工作。一個有能力的主管通常是樂觀主義者，他（她）也希望他的下屬也有相同的素質。積極進取的行為不僅僅是一種策略，而且是一種內在素質所表現出來的行為姿態。

一個富有經驗的下屬，在他（她）的語言中很少用到「困惑、危機、挫折」這一類的詞，而會把困難的情勢看成「挑戰」，並設計出迎接挑戰的計畫。一個人沒有比他（她）無力解決自己職務內的問題，更浪費主管的時間了。

獨立地排除你面臨的困難，不僅能培養有效工作的能力，發展有效工作所需的門路，而且還能提高你在主管眼中的價值。

當你發現自己無法完成某項工作時，應及時地向你的主管說明情況。這種情況下他（她）產生的煩惱會比以後才知道要少得多。

對於主管的工作習慣、職業目標、愛好與厭惡等等，你都應該瞭解。如果你的主管是一個體育運動愛好者，那麼你就不應該在他的隊賽敗後第二天早晨，立即去請示一個等待解決的問題。

一個精明老練而有見識的主管，最欣賞能深刻瞭解他（她）並可以預見他（她）的願望與心情的下屬。

主動拉近自己與主管的距離

身為下屬的你最應該明確的就是，你的頂頭上司是你工作生涯裡最重要的人物。他（她）可以使你工作起來順利無比，也可以使你根本無法展開工作；可以使工作氣氛融洽，也可以使工作變得令人無法忍受。

有些老闆喜歡把他們的主管管得死死的；有些老闆則放任自流，放手讓主管們去做。因此，你要找出你老闆的風格來。什麼能讓你感到最為舒暢？這其中並不存在著什麼是與非的問題，這只是為了要把你的工作和你老闆的管理風格更有效的結合起來，這一點是很重要。人們對權威有著不同的理解和要求，對別人合適，對你卻不見得有用；反之，對你有用的，在別人身上則不一定行得通。如果你是男的，而老闆也是男性的話，你要記住，他是否一開始就對你滿意，有賴於你和他的熟悉程度。你們有什麼共同愛好嗎？是不是喜歡同一種運動？還是有相同的教育背景？有些老闆會偏愛那些和他們有許多共同之處的下屬；而有些人則喜歡他們的下屬有異於他們本人的特點，以便互補。比如說，如果一個老總認為他（她）最大的毛病就在於不注意細節，那麼，他（她）也許會希望有個在小節上絕不馬虎的人來為他（她）工作。如果你是個男的，而你老闆是個女的，你最好瞭解一下對那些掌權女性的所有偏見。如果你自己也心存偏見的話，這也許會在你和她的接觸當中表現出來。談一談這些看法，也許會對你有所幫助。如果你的老闆是女的，你也是女的，那麼，你是不是希望她對你好一些？如果不然，你也不必對她感到憤怒。你可以透過加倍的努力工作，為女人增光，讓她也覺得「有面子」。

如果你是個女的，你上司是男的，那你可千萬不要賣弄風情，注意和你的老闆保持工作關係，保持你工作的水準，盡可能地自己處理問題，不要動不動就要他幫助，扮演個可憐巴巴的無能角色。在他問你問題的時候，則要果斷些。別和你的老闆談論你的私事。如果你想知道上司的意思，告訴你的上司。

如果你有意升職，說出來讓你的老闆知道，這樣，可以使他更加地了解你。

在工作中表現你的精明幹練

無論是男人還是女人，擁有吸引人的魅力都是最值得欣慰的。缺乏魅力的人，暗淡無光，默默無聞，是可憐的人。富有魅力的人，左右逢源，處處占上風，是幸運的人。那麼，怎樣在上司面前表現出自己幹練的魅力呢？

一、向上司報告工作情況時，先說結論

先說結論會加強對方認為你很能幹的印象。一般而言，作上司的人都相當忙碌，而且經常處於緊張的心理狀態，所以總希望能快點知道結果。這時候，作下屬的就不需要把工作過程或理由說上一大堆，而應先報告工作的結論——成功或失敗，這樣才不會讓上司感到著急。記住！那些不必要的開場白，只會使上司感到焦躁。尤其是當工作失敗時，運用這種方法更有效。也就是先表明工作失敗了，然後再報告失敗的原因，這樣上司才不會把失敗的責任全推到你頭上。因此，報告失敗的結果，先說和後說，會令對方產生截然不同的印象。此外，在會議上也是相同的情形。拖拖拉拉地報告了一大堆，只會使會議的氣氛顯得散漫。但如果先說結論，就會加深別人認為你能力很強的印象。

二、計畫或提案不要百分之百完成，應留有供上司發表意見的餘地

在團體中擬定計劃或提案時，需要結合大家的意見。至於把所有事項都考慮到的提案，會使其他人失去參與的機會，尤其會變成上司沒有提供意見的情形。這時，雖然提案者會覺得很滿足，但實際上卻引起別人的反感，更有甚者，還會造成扯後腿的情況。像這種情形，最聰明的辦法就是大家考慮之後，留下能修改的餘地，並且對上司說：「我們只能考慮到這些，其他的尚未決定……」這樣，便可滿足上司的優越感。

而且，因為全體員工都提供了意見，所以提案也較容易通過，而提案者本身也會給人一種精明能幹的印象，聲望隨之增高，也會引起別人想和他親近的想法。比如：有位部屬平時工作積極認真，而且人際關係良好，最為難得的是，他總能在公司需要建議的時候提出好的建議，為公司創造了莫大的效益，而且這些建議都是別人很難想到的。於是上司對他的話總是言聽計從，非常信任，而且厚愛有加。能夠得到上司的信任當然是件令人高興的事，但他並沒有因此而趾高氣揚，還是像往常一樣，認認真真地做好每一件事，因而更是讓上司稱讚不已。

有一天，這個部屬為了一件事想與上司談一談。

「總經理，不知您今天下班後是否有空？我有事想與您商談，可以嗎？」

「當然可以，我們下班後就到公司附近的那間咖啡館去吧！」從總經理的角度看來，部屬一定是在工作上又有什麼建議了，因此感到很高興，下班後欣然赴約。

「你有什麼事要說嗎？之前你提的興建廠房、擴充業務的計畫為公司帶來了很大的效益。如果你又有任何新計畫，我一定會呈報董事長，請他採納你的建議。」

「承蒙您的關照，實在太感謝你了，不過這次我想說的不是這些。」

「不是這些？那是什麼？說吧！」

「是。前幾天我從人事部的同事口中得知，今年到美國留學的相關手續與制度，我想到美國去留學。我沒有別的意思，一直以來我對現在從事的工作都有很大的興趣。因此，我想到美國做再進一步的深造。所以這次我聽了有關留學的事宜之後，心中的願望就更強烈了。總經理，這件事千萬拜託你了！」

「什麼！留學！唔……唔……唔……有點難辦呢！你要知道，失去了你，對公司可是一大損失喲！你真的很想去留學？不再考慮一下嗎？」

「很抱歉，我真的很想去！不管是年齡還是在人事的安排上，這次都是一個很好的機會，請您務必幫我完成這個心願！」

「該如何是好？你決心這麼強烈！但你這一走公司的損失真是難以計量呀！」

「拜託您了！」

「嗯，我明白了！你之前為我爭了不少光，而為了你以後的前途，我也認為你應該出去留學。畢竟這也是為了公司的將來。好吧！我幫你向上級主管說一說！」

「那就太謝謝您了！」

這位員工的說服當然獲得了很大的成功。一般對上司來說，越是自己倚重的部屬，自己越是不會輕易放他（她）走。因為每個上司都需要自己的幕僚留在身邊為自己出謀劃策。但為什麼這位上司要放走自己的愛將呢？原因還得要溯及以往。過去這位部屬對上司是有求必應，為上司賺足了面子，於是使得他的話對上司的說服力也在無形之中提升了許多，因而才能讓上司輕易地放他走。

如果你總是能夠很輕易地滿足他人的欲望和要求，你就能夠贏得他人對你的好感和尊重，並且對於你的話，他們也會言聽計從。

和主管談話應該注意的事項

做為下級的你，想要和主管有良好的溝通，就一定要把握好自己說話的分寸，這樣你才能贏得上司的青睞。一般來說，和主管談話時，應注意以下幾點：

一、積極主動地和主管談話

作為下屬，可以積極主動地與主管交談，漸漸地消除彼此間可能存在的隔閡，使上級與下級的關係相處得正常、融洽。當然，這與「巴結」主管不能相提並論，因為工作上的討論及打招呼是不可避免的，這不但能去除對主管的恐懼感，而且也能使自己的人際關係更加的圓滿，工作順利。

二、不必害怕自己的不同

對上級應當尊重，你應該承認，主管一定有強過你的地方，或者才幹超群，或是經驗豐富。所以，對主管要做到有禮貌、謙遜。但是，絕不要採取低聲下氣的態度。絕大多數有見識的主管，對那種一味奉承、隨聲附和的人，是不會予以重視的。在保持獨立人格的前提下，你應採取不卑不亢的態度。在必要的場合，你也不必害怕表示自己的不同觀點，只要你是為了工作，說事實、講道理，主管一般是會予以考慮的。

三、適應對方的語言習慣

你應該瞭解主管的個性。他（她）雖然是主管，但他（她）也是一個人，做為一個人，他（她）一定有其獨特的性格、愛好及語言習慣，比如：有些人性格爽快、乾脆，有些人沈默寡言。尤其當主管的人都有一種統治慾和控制慾，任何敢於侵犯其權威地位的行為都會受到報復，還有些主管是有奇特怪癖的人，你必須適應這一點。

四、選擇合適的時間

主管一天到晚要考慮的問題很多，你應當根據自己問題的重要與否，選擇適當的時機去反應。假如你是為個人瑣事，就不要在他（她）正埋頭處理公事時去打擾他。如果你不知道主管何時有空，不妨先給他（她）寫張紙條，寫上問題的要點，然後請求與他（她）交談。或寫上你要求面談的時間、地點，請他（她）先安排，這樣，主管便可以好好的安排時間了。

在談話時，充分瞭解自己所要說的要點，簡潔、扼要、明確地向主管彙報。如果有些問題是需要請示的，自己心中應有兩個以上的方案，而且能向上級分析各方案的利弊，這樣有利於主管作決斷。

為此，事先應當做周密的準備，弄清每個細節，隨時可以回答，如果主管同意某一方案，你應儘快將其整理成文字再呈上，以免日後主管又改變了主意，造成不必要的麻煩。

人與人之間的溝通都是透過談話來展開的，尤其上下級之間的溝通更是如此。

讚美上司，讓他覺得自己很優秀

如果能掌握好說恭維話的藝術，就能夠加深你和上司的關係。讚譽之詞人人都渴求，人人都需要。稱讚上司也有方法和技巧，如果稱讚主管弄巧成拙，只能落個「拍馬屁」的壞印象。每個人出色的方面各有不同。有的人是專業技術佳，工作成績突出；而有的人則在社交方面有特長，有與客戶打交道的能力。因此，在稱讚上司時應針對不同的情況，給予不同方式的稱讚。高帽子的妙用隨處可見，但用錯了卻會讓你畫虎不成反類犬。

有個公司的總經理在經營好公司業務的同時，他結合了自己的工作經驗撰寫了一本《經商之道》的書稿，部門經理這樣稱讚道：「你在公司工作真是一個錯誤的選擇，如果你專門研究經營管理，我相信你一定會成為商務管理的專家，會有更加突出的成果問世。」總經理聽完部門經理的一席話，不滿地說：「你的意思是說我不適合做公司的總經理，只有另謀他職了。」見總經理產生誤解，本來想給總經理

「戴高帽」的部門經理嚇得頭冒虛汗，連忙解釋說：「不，不，不，我不是這個意思，我是說……」還是祕書過來替部門經理打了個圓場，說道：「部門經理意思是說您是個多才多藝的人，不僅本職工作做得好，其他方面也非常出色。」

可見，不同的表達方法，其效果也不相徑庭。恭維讚賞不等於奉承，欣賞不等於諂媚。讚賞與欣賞主管的某個特點，意味著肯定這個特點。只要是優點、是長處，對團體有利，你可以毫無顧忌地表示你的讚美之情。主管也需要從別人的評價中，瞭解自己的成就以及在別人心目中的地位，當受到稱讚時，主管的自尊心會得到滿足，並對稱讚者產生好感。你的聰明才智需要得到賞識，但在主管面前故意表現自己，則不免有做作之嫌。主管會因此認為你是一個自大狂，恃才傲慢，盛氣凌人，而在心理上也會覺得難以相處，彼此間就會缺乏一種共同的默契。

會說話和會辦事是相輔相成的。話說得好聽，說得到位，上司便易於接受你提出的條件和要求，否則即便是一件簡單的事情，也會辦砸。所以，要學會說讚美的話。

上司喜歡機敏的頭腦

大太監李蓮英為人機靈、嘴巧，善於取悅於慈禧，這種機靈常常為慈禧和下臣解脫困境。慈禧愛看京戲，常以小恩小惠賞賜藝人一點東西。一次，她看完著名演員楊小樓的戲後，把他召到眼前，指著滿桌子的糕點說：「這一些賜給你，帶回去吧！」

楊小樓叩頭謝恩，他不想要糕點，便壯著膽子說：「叩謝老佛爺，這些尊貴之物，奴才不敢領，請……另外恩賜點……」

「要什麼？」慈禧心情高興，並未發怒。

楊小樓又叩頭說：「老佛爺洪福齊天，不知可否賜個『字』給奴才。」

慈禧聽了一時高興，便讓太監捧來筆墨紙硯。慈禧舉筆一揮，想寫一個「福」字。

站在一旁的小王爺，看了慈禧寫的字，悄悄地說：「福字是『示』字旁，不是

『衣』字旁的呀！」

楊小樓一看，這字寫錯了，若拿回去必遭人議論，豈非有欺君之罪？不拿回去也不好，慈禧一怒就要自己的命。要也不是，不要也不是，他一時急得直冒冷汗。氣氛一下子緊張起來，慈禧太后也覺得挺不好意思，既不想讓楊小樓拿走這錯字，又不好意思再要過來。

旁邊的李蓮英腦子一動，笑呵呵地說：「老佛爺之福，比世上任何人都要多出一『點』呀！」

楊小樓一聽，腦筋馬上轉過彎來，連忙叩首道：「老佛爺福多，這萬人之上之福，奴才怎麼敢領呢！」

慈禧正為下不了臺而發愁，聽他們這麼一說，急忙順水推舟，笑說：「好吧，隔天再賜你吧！」就這樣，李蓮英為二人解脫了窘境。

也許正是有這麼乖巧的應變口才，李蓮英才能夠得到主子的格外寵倖。

而在一個團體中，每一個成員都會有很多的點子，並且都相信自己的想法如果實施後將會提高單位內的工作效率。於是那些有事業心的人也總是能夠積極地向主管提供好的建議，但當你具體實施的時候，應先注意不要過於著急。

首先，從上司的角度來看，你的想法也許沒什麼了不起——事實上，也許很不成熟。而且，你要記住，主管的看法與你完全不同。有許多內在的因素你大概並不是十分清楚，但當它們與其他事物放在一起時，就很可能明顯地表現出來。

你的建議有可能使你的上司與組織的其他成員，包括上司在內的人發生衝突，至少，實施你的建議很可能耗費上司的時間，即使你認為，從長遠的觀點來看，你的建議會節省上司的時間，但你要記住，管理者往往是注重短期效率的。

還有一個因素值得考慮：當你提出改進工作的建議時，事實上這正意味著你認為目前的工作並不理想。換句話說，這裡面含有一種批評的弦外之音。接受你的建議意味著在上司的工作中有不足之處。不容忽視的是，上司有時也很自負，他們不願承認他們工作中有不當之處，在下屬面前尤其如此。

因此，當你想提出建議時，應當慎重。首先，注意選擇提出建議的時間和地點。如果要提的建議有助於解決上司正在認真思考的事的話，那麼很顯然，你在這時提出的建議一定會引起他的重視。而且，上司在情緒良好的時候，會較容易接受你的意見。

還有，給上司提建議時，無人在場要比有人在場好，除非你有把握相信其他人會支持你的建議，並且上司對他們的支持反應良好。其次，提建議的方式以盡可能少打擾上司的日常工作為宜。

一般的方法是事先做好與實施有關的建議工作。例如：如果你認為上司應該通知生產部門，注意某些顧客對產品品質的抱怨，那麼，你可先試著為上司起草一份資料。如果你很瞭解上司的話，那你在提建議的時候，就可以把這份資料交給他（她）。一般而言，讓上司簽字總比讓他（她）撰文要容易得多。再次，從上司的角度考慮事情，不要竭力向他（她）提出你的任何主張。

推行組織變革很像打撞球，當你瞄球的時候，不僅要考慮球要往哪裡打，而且還要考慮它碰上別的什麼球以及它們又滾向哪裡。現代的組織是一個由許多相互關聯、極為敏感的部門組成的複雜有機體。

身處高位的上司比你更能看到，並評估到這些部門之間的相互作用。但是，只要你密切注意正在發展的事物，只要你留意在你工作範圍內的其他能表明或影響上司觀念和行為的檔案，你就能提出既有利於你也有利於你的上司和組織的建議。

做自己能辦到的事情

主管總是會委託很多讓下屬很難辦到的事情，不要因為是上司委託的事情就答應照辦，因為這也許會讓你很為難。這樣不僅會耽誤事情的進程，也會讓上司對你產生辦事不力的印象。所以在接受上司委託辦事的時候，一定要仔細考慮自己是否能辦得到。倘若你的主管以往曾幫過你很多忙，而今他（她）要委託你做無理或不恰當的事，你更應該毅然地拒絕。此外，限於能力，無論如何努力都做不到的事，也應拒絕。但是這有一個前提，即是否真的做不到，應該確實地衡量一下，切不可因懷有恐懼之心而不敢接受。經過多方考慮，提出各種方案後，是否可以再加上勇氣來突破它？都需要考慮清楚。考慮後，認定實在無法做到，才可以拒絕。

一、不了了之

當上司提出某種要求而屬下又無法滿足時，設法造成屬下已盡全力的錯覺，讓上司自動放棄其要求，也是一種好方法。比如：當上司提出不能滿足的要求後，就可採取下列步驟先答覆：「您的意見我懂了，請放心，我保證全力以赴的去做。」過幾天，再彙報：「這幾天XXX因急事出差，等下星期回來，我再立即報告他。」又過幾天，再告訴上司：「您的要求我已轉告XXX了，他答應在公司會議上認真地討論。」

儘管事情最後不了了之，但你也會給上司留下好感，因為你已造成「盡力而做」的假象，上司也就不會再怪罪你。在一般的情況下，人們對自己提出的要求，總是會念念不忘。但如果長時間得不到回音，就會認為對方不重視自己的問題，反感、不滿便由此而生。相反的，即使不能滿足上司的要求，只要能做出些樣子，對方就不會抱怨，甚至會對你心存感激，主動撤回讓你為難的要求。

二、借助別人，間接地說「不」

例如：你被上司要求做某一件事時，其實很想拒絕，可是又說不出來，這時候，你不妨拜託其他兩位同事和你一起到上司那裡去，這並非所謂的三人戰術，而是依靠同事替你作掩護來說「不」。首先，商量好誰是贊成的那一方，誰是反對的那一方，然後在上司面前爭論。等到爭論過一會兒後，你再出面輕輕地說：「原來如此，那可能太牽強了」，而靠向反對的那一方。這樣一來，你可以不必直接向上司說「不」，就能表明自己的態度。這種方法會給人「你們是經過激烈討論後，絞盡腦汁才下結論」的印象，而包含上司在內的全體人員，都不會有哪一方受到傷害的感覺，從而上司會很自然地自動放棄對你的命令。

三、清楚解說不得不推辭的理由

許多人儘管手邊已有一大堆工作，仍不斷受託新的工作。雖然想予以拒絕，卻因擔心一旦失去信用後工作機會將不再降臨，只好勉強接受。其實，只因為曾經拒絕過一次，並不意味著從此失去工作的機會。只要能清楚解說不得不推辭的理由，必然可以獲得對方的理解。

「如果可能，我也很願意接下您的工作，但目前已呈滿負荷狀態，這次實在無法承接。因為我不想造成工作品質變差，或出現逾期交件的情形。」如果你能懇切的解說理由，對方必然會感覺「這個人的確是工作努力、認真負責的人」！如此誠實拒絕反而可以增加信用度。

四、用「是的……但是……」的語氣

主管交代工作給你，可是實際上這個工作你一個人無法完成，這時候，採用婉轉的方式告訴對方：「是的，董事長我瞭解，但是這件事我一個人所花的時間可能會比您希望的時間還要長，因此……」先接受工作，然後再說明你需要協助，或不能辦到的原因，這樣，主管也不會生氣。如果是必須立刻拒絕的問題，更應該馬上告訴他（她），否則拖延太久，就難以開口了。

「是的……但是……」是委婉的說話技巧，雖然最後你拒絕了上司，可是對方會覺得你有接受其指示的心意，因此並不會太在意。

五、主動「透露實情」以拒絕別人

有一次，蔣緯國作為裝甲兵少校駐防徐州。一天，他乘火車去南京洽談公務，訂了一張臥鋪下鋪的票。走進車廂，他把隨身攜帶的手槍掛在床頭，就在鋪上躺了下來。隨後，進來了一位少將，他的鋪位恰在蔣緯國的上面。少將一看下鋪是個少校，便說：「起來，起來，到上鋪睡去。」

蔣緯國是德國軍校畢業，十分注重軍紀。一聽將軍發話立即起身，兩腳「啪」的一聲併攏立正，行了一個軍禮，並以「是」作答。之後，便爬上了上鋪。將軍躺下，發現蔣緯國那把掛在床頭的手槍，便隨手取了過來。一看，那是一件金屬雕塑一般的藝術作品，頓時愛慕不已。他躺在下鋪對上鋪說：「我說少校，你要這小玩意有啥用？不如咱們換一換吧！」說著掏出他隨身攜帶的一把大手槍。

話音剛落，蔣緯國敏捷地從上鋪跳到地上，兩腳「啪」的一聲併攏，又立正行了一個軍禮，之後，他面有難色卻恭敬作答：「報告長官，我本當服從命令卻又不敢服從。」

將軍問：「此話怎講？」
少校答：「德國特製手搶兩把贈予家父，家父把其中的一把贈給了我。」
將軍問：「另一把在哪裡？」
少校答：「另一把為家父所愛，珍藏在他的身邊。」
將軍問：「令尊何人？」
少校答：「報告長官，家父乃蔣委員長。」
將軍一聽，嘩的一聲從鋪上翻身起來。什麼話也沒說，悄悄走出房間，再也沒有返回他的下鋪來。蔣緯國是一個老實人，他沒有依仗父親的權勢和上司頂撞；但是對於上司的不合理要求，他也沒有唯唯諾諾，而是巧妙地「透露」自己的身份，讓對方知難而退，這種做法可以說是比較圓滑的做法。

拒絕更要講究方法，採用什麼辦法才能讓上司接受，這裡面也是很有學問的。

Chapter 6

最簡單高效的
陌生人社交法則

和陌生人交談自如的方法

美國著名記者阿迪斯・懷特曼指出，害怕陌生人這種心理，我們大家都會產生，例如：在聚會上我們想不出有什麼風趣或是言之有物的話可說的時候；在求職面試中拼命想給人好印象的時候。事實上，無論何時何地，我們遇上看來是陌生面孔時，心裡都會七上八下，不知該怎樣打開話匣子。

然而，懂得怎樣毫無拘束地與人結識，能使我們擴大朋友的圈子，使生活豐富起來。

多年來阿迪斯以記者身份往返世界各地，他和陌生人的談話有許多是畢生難忘的。他說：「這就好像你不停地打開一些禮物盒，事前卻完全不知道裡面有什麼。老實說，陌生人引人入勝之處，就在於我們對他們的一無所知。」

阿迪斯舉例說，在往新奧爾良班機上所遇到的那個修女，她看起來溫文爾雅，不問世事。但是阿迪斯不久便發現她的工作原來是協助暴力犯罪的年輕囚犯重新做人。他還在加拿大一列火車上遇到一位一本正經的老婦，她說她正要前往北極圈內的一個村莊，因為她聽人說在那裡她會見到北極熊在街上走！

阿迪斯說：「跟我談過話的陌生人，幾乎每一個都使我獲益匪淺。」一個在公園裡遇到的園丁，告訴阿迪斯關於植物生長的知識，比他從任何地方學到的都多。埃及帝王谷一個計程車司機請阿迪斯到他席地而坐的家裡喝茶，讓他體驗到一種與自己迥然不同的生活方式。

在挪威奧斯陸，一個二次世界大戰時曾經參加祕密抵抗組織的戰士，帶阿迪斯到海邊一個陰風襲面而來的荒涼高原。他告訴阿迪斯說，就在那個地方，納粹為了報復抵抗組織的襲擊而把人質處決。

我們過去從來沒有見過的人，甚至能幫助我們認識自己。因為我們可能對一個陌生人說出我們時常想說但又不敢向親友開口的心裡話，因此他們便成了我們認識自己的一面新鏡子。

如果運氣好，和陌生人的偶遇還會發展成為終身不渝的友誼。仔細想來，我們的朋友有哪一個原先不是陌生人呢？阿迪斯說：「世界上沒有陌生人，只有還未認識的朋友。」

那麼，當我們遇上陌生人時，該怎樣才能好好利用這機遇呢？

一、主動地先去瞭解對方

美國總統羅斯福是一個交際高手。早年還沒有被選為總統時，在一次宴會上，他看見席間坐著許多不認識的人。他想要如何才能使這些陌生人都成為自己的朋友呢？羅斯福找到自己熟悉的記者，從他那裡，把自己想認識的人的姓名、背景打聽清楚，然後主動叫出他們的名字，談一些他們感興趣的事。此舉大獲成功，這些人很快成了羅斯福競選時的有力支持者。

二、選擇適宜的話題

如果覺得「實在沒有什麼好說」，可以考慮以下話題：

▼坦白說明你的感受

例如：你可以在餐會上對自己嘀咕：「我太害羞，與這種聚會格格不入。或是剛好相反，你認為許多人討厭這種聚會，但是我很喜歡。」不管你怎麼想，你要把你的感受向第一個似乎願意洗耳恭聽的人說出來。這個人可能就是你的知音。無論如何，坦白說出「我很害羞」或「我在這裡一個人也不認識」，總比讓自己顯得拘謹冷漠要好得多。

最健談的人就是勇於坦白的人。這還有一個好處，如果你能坦誠相見，對方也會毫無拘束地向你吐露心聲。

一次，阿迪斯跟寫過一本好書的心理學家談話。阿迪斯通常對這類的訪問都能應付自如，而且會從中得到很大裨益，所以當他發覺自己結結巴巴，不知怎樣開口時，簡直大為吃驚。最後阿迪斯說：「不知為什麼我對你有點害怕。」那位心理學家對阿迪斯這個說法非常有興趣，隨即大家就自然談起來了。

▼談談周圍的環境

如果你十分努力觀察環境，你自然會找到談話的話題。有一次一個陌生人審視周圍，然後打破沈默，開口跟大家說：「在雞尾酒會上可以讓我們看到人生百態！」這就是一句很有趣的開場白。

阿迪斯有一次坐火車，身邊坐了一位沈默寡言的女士，一連幾個小時他千方百計的想讓她開口說話都未成功。等到剩下半個小時就要分手時，他們經過一個小海灣，大家都看到遠處岬角上一座獨立無依的房屋。她凝視著房子，一直到看不到它為止。然後她突然說道：「我小時候就生活在像這種杳無人跡的地方，住在一座燈塔裡。」接著她講述了那種生活的荒涼與美麗。

▼以對方為話題

有一次，阿迪斯聽見一位太太對一個陌生的女士說：「妳長得真漂亮。」也許，我們大多數人都沒有說這種話的勇氣，不過我們可以說：「我遠遠就看見妳進來，我想……」或是：「你現在看的這本書正是我最喜歡的。」

▼提出問題

許多難忘的談話都是從一個問題開始的。阿迪斯常常問人：「你每天的工作情況怎樣？」通常人們都能有所感觸的侃侃而談。一定要避免令人掃興的話題，可能沒有人願意聽你高談闊論諸如狗、孩子、食物、菜單、自己的健康、高爾夫球，以及家庭糾紛之類的事。所以，在談話中最好不要談及這些問題。

邱吉爾就認為孩子是不宜老掛在嘴邊的話題。有一次，一位大使對他說：「溫斯敦・邱吉爾爵士，你知道嗎?至今我都未曾跟您說起我的孫子呢！」邱吉爾拍了拍他的肩膀說：「我知道，親愛的夥伴，為此我實在是非常感謝！」

三、學會引導別人進入交談

在交談中，除了吸引對方的興趣之外，還必須學會引導對方加入交談。常聽到一些青年人說：他們在約會的時候，老是不能保證交談生動有趣。其實，這本來是一個非常易於掌握的技巧，只要問一些需要回答的話題，談話就能持續下去。但是，如果你只問：「今天的天氣很好的，對吧？」對方用一句話就可以回答了：「對啊，天氣真不錯！」這樣，談話也就無法進行下去了。如果你想讓你的談話內容源遠流長，不妨用下列問句來引導：「為什麼會……？」「你認為怎樣不能……？」「依你的想法，應該是……？」「你如何解釋……？」「你能不能舉個例子？」總之，「如何」、「什麼」、「為什麼」是提問的三件法寶。

四、要簡潔而有條理

短話長說是最惡劣的語言習慣之一。無論是和一位朋友交談，還是在數千人的場合演講，最重要的就是「說話扼要切題」。擔任企業行政主管的人幾乎都認為：在商業場合裡，最讓人頭痛的就是講話沒有條理。不知有多少人的時光都因此浪費在那些言不及義、言語無味的話語中去了。如果你說話的目的是要告訴別人一件事，那就直截了當地說出來，不必扯得過遠。

五、要避免過多的「我」

人們在口頭最常用的字之一就是「我」。這些人應該學學蘇格拉底不說：「我想」而說：「你看呢？」曾有這麼一個笑話：在一個園藝俱樂部的聚會中，有位先生在三分鐘的講話時間裡，用了三十六個「我」。不是說：「我……」，就是說「我的……」，「我的花園……」，「我的籬笆……」。結果，他的一位朋友忍不住就走過去對他說：「真遺憾你失去了你的妻子。」「我失去了我的妻子？」他驚訝的說。「沒有！她好好的啊！」「是嗎？那麼難道她和你談到的花園一點關係都沒有嗎？」

六、要儘量少插嘴

插嘴，就像是一把「鉤子」，不到萬不得已時，最好不要用它。約翰・洛克說：「打斷別人說話是最無禮的行為。」

不要用不相關的話題打斷別人的談話；不要用無意義的評論擾亂別人的談話；不要搶著替別人說話；不要急於幫助別人講完故事；不要為爭論雞毛蒜皮的小事打斷別人的正題。總之，別輕易插嘴，除非那人講話的時間拖得太長，他的話不再吸引人，甚至令人昏昏欲睡，已經引起大家的厭惡。這時，你打斷他倒是做了一件仁慈的好事！

七、留心傾聽

談話要投機，有一半要靠傾聽，不去認真傾聽就無法正式進入交談，但是傾聽也是一種藝術。跟剛認識的人談話的時候，你要看著他，認真地回應，鼓勵他繼續說下去。這樣，傾聽就不是被動的而是主動的活動。有意義的談話——有別於無聊的閒談，其目的就是在於互相發現和瞭解。

那麼你怎麼做才能使談話投機呢？要記住這一點：你對人家好奇，人家也會對你好奇；你能增加他們的生活情趣，他們也能增加你的生活情趣。只由對方一個人說話，比由你一個人說話好不了多少。

毛病出在很少人能認識到他們也要付出一點力。有時，他們認為自己害羞或平凡無奇，他們會說：「我沒有什麼值得一談的事情。」他們這樣說一定是錯的。事實上，大多數的人都是有趣的。

多羅西・薩爾諾夫在其著作《語言可改變你的一生》中寫道：「實際上，即使是一個充滿缺點，腦筋糊塗和變化無常的人，也有其令人驚奇之處。」

我們需要陌生人的刺激——一個跟我們不同、暫時像個謎一樣的人。此外，和陌生人見面還會多少對你有所影響。在最好的情況下，是彼此能心靈相通，意氣相投，一次邂逅便成為你以後生命的一部分。

我們當中有許多人都想說如果別人期待我們多說一些話，而自己覺得自己的觀點若與別人不同就會顯得很擔心。然而正因為有這種不同，人生才能成為大戲臺。如果我們彼此坦誠相對，不為別的而只為互相瞭解，那麼我們就能談得投機，相見歡愉。

稱讚女性不應一味地從外貌開始

對於很多男性來說，剛開始和女性交往，總會從某些角度去儘量地稱讚女性，這樣的方式的確可以同女性拉近關係。但是很多時候，男性總是認為從外貌開始比較快捷，其實這是一種錯誤的觀念。

因為你一旦遇到一位相貌平平的女性就會陷入了困境，而這個時候，你該怎麼辦呢？也就是說，除了容貌之外，我們並不是一無所知。眾所周知，每個女人都有屬於自己的特質，而且有著為別的女性所沒有的特徵，包括生活經歷、家庭環境、教育程度、性情氣質等。因而，每個女人所關心的內容和重點也不一樣。

不同的女人需要不同的稱讚和誇獎。那麼，該怎樣稱讚不漂亮的女同事呢？

一、讚美女同事的修養氣質

對於相貌平平的女性，我們就有必要從她的修養上找話題，比如說她氣質出眾，說話從不大聲等。

有許多女人，儘管長得漂亮，但由於缺乏內涵，接觸一段時間之後就露出了馬腳。而一個擁有好的修養的女性，雖然外表不能打動我們，但是隨著時間的推移，她的魅力會越來越大。這種女性的吸引力是內在的，它可以征服一個男人的心，所以，你在這方面就有了切入之點。

以下是一些實例：

對一個從不愛說話的女孩說：「妳是我們這裡最文靜的女孩。」

對一個總是愛說話的女孩說：「妳是我們這裡最活潑可愛的女孩。」

對一位不化妝的女孩說：「我從來不喜歡那些化妝化得很濃的女孩，妳瞧那樣多俗氣！」

對一位愛化妝的女孩就有必要改變方式：「會化妝就是不一樣，看來妳的審美觀念是走在時代的尖端。妳一定學過美容吧？」

對一個唱歌唱得很好的女孩說：「聽妳唱的歌簡直就是一種享受。」

二、讚美女性的細膩和善解人意

女人憑藉其細膩的直覺就可以瞭解男人的內心想法，這使她們對男人深層的、有時是難以覺察的需要做出及時準確的反應。善解人意，是女人征服男人的技巧與本能；它使男人感到一種呵護與溫暖。當一位女性為你端上一杯熱茶時，你千萬別忘了對她說：「您真善解人意！」

以下是一些實例：

對一個愛哭的女孩說：「妳像林黛玉一樣多愁善感。妳肯定是一個善良溫柔的女孩。」

對一個不愛哭的女孩說：「妳一定非常堅強。我看妳辦事非常有主見，從不像別的女性那樣婆婆媽媽。」

對一個愛乾淨的女孩說：「真是如荷花般的潔淨！將來一定是一個好的家庭主婦。」

對一個孝順的女孩說：「我的母親總是誇獎妳。我的姐姐也和妳一樣。」

對一位經過介紹而認識的女性說：「別人都說妳很平易近人，我也很想和妳做朋友。」

三、讚美女性的工作能力和事業心

現代社會，女性參與的意識越來越強。而且，透過我們的調查發現，愈是相貌平庸的女性，在這方面的要求愈是強烈。有很多女性，儘管長相一般，但是其魅力並不亞於那些漂亮的小姐。

因此我們要看準她的能力。有的女性很有事業心，她們從來不願意為男人活著，你誇獎她的工作能力、處事態度、學識修養都能打動她的芳心。

以下是一些實例：

對一個會做飯的女性說：「誰和妳交朋友，算誰有福氣。什麼都會，而且工作也是做得非常棒。」

對一位剛剛和上司提過意見的女性說：「妳的意見是我們大家的意見。我很欣賞妳的勇氣。」

對一位從不願意出風頭的女性說：「我真佩服妳的處世方式，沉穩得很，別看妳長相這麼年輕，但是卻有大將之風。」

面對一位身穿白衣的護士說：「現在妳是穿著白衣的天使。其實，妳下班後仍是天使。」

對一位崇拜知識的女性說：「我最近發表的那篇文章，還是受了妳的啟發才寫成的。為了感謝妳給我的靈感，我今天特地來請妳吃飯。」

對一位學歷不高的女孩說：「我雖然不完全贊成『女子無才便是德』，但是我總覺得女孩有個大專學歷就足夠了。別小看大專學歷，妳的聰明才智並不比有些靠死讀書讀出來的碩士生來的差。」這樣，你就能滿足她的虛榮心。

對一位學歷較高的女性說：「一般來說，在研究所裡很難找到漂亮的女孩。能認識才貌兼具的妳真是我的榮幸。」

四、儘量讚美女性的內在美

美麗、可愛、魅力等有關容貌的讚美，對女性而言非常敏感。雖只是表面的稱讚，對方也會覺得有一絲絲的喜悅。然而讚美本來就不簡單，尤其是讚美女性更難，在她情緒不好時，你的一句：「妳今天特別漂亮！」也會讓她覺得「那麼以前我就不漂亮嗎？」

你如果對一個女性說：「妳的眼睛像星星那樣明亮，像泉水那般的清澈。」不如說：「妳的舉止大方，談吐高雅。請問，妳是如何進修充實自己的呢？」後面這種讚美會使對方更為喜悅。

讚美是出自內心的喜歡與欣賞，並非逢迎或違心阿諛。因此真心的讚美，除了外在的稱讚之外，不妨讚美她的內在美。

優秀推銷員的開場白

要達到接近顧客的特定目的，最重要的首先是想好開場白。

「萬事起頭難」，推銷員與顧客的接觸中，最難的是初次見面的一席話，既要創造良好的推銷氣氛，又要盡可能的多瞭解對方，洞察對方的內心世界，有目的的展開推銷活動，這實在是交際中的難題。而一位專業推銷員總會準備好適宜的開場白，以達到成功的效果。

以下是優秀推銷員常用的十種開場白：

一、巧用利益來吸引顧客

幾乎所有企業或個人，在購買某種商品時首先考慮的是給自己帶來什麼利益。所以，用利益吸引對方很容易奏效。利益接近法符合顧客購買商品時的求利心理，直接告訴顧客購買產品所能獲得的實際利益或經濟利益，誘發顧客的興趣，使推銷會談順利進行。

但使用這種方法時，推銷員必須實事求是，講求推銷信用，不可浮誇，更不能無中生有，欺騙顧客。

二、適時地運用讚美言辭

一般人都希望得到別人的讚美，客戶也不例外。讚美顧客必須找出別人可能忽略的特點，才能顯示出真誠。讚美的話倘若不真誠，聽起來就會變為「拍馬屁」。奉承的效果當然比讚美差遠了。所以，「常勝」的推銷員，要先經過大腦的思考，再開口讚美。不但要有誠意，而且要選擇與推銷產品有關的主題與目標。

推銷員的讚美之詞是成功推銷的催化劑。讚美之詞應該發自內心，符合實際，才能達到應有的效果。

三、明確的自我介紹

這種方法是推銷員透過自我介紹來接近顧客。自我介紹，主要是透過自我口頭介紹，及出示身份證件或遞上名片來達到接近顧客的目的。

自我介紹法的作用，主要在於推銷員向顧客介紹自己的身份，以求得對方的瞭解和信任，消除其戒心，為推銷會談創造輕鬆的氣氛。儘管此方法不能使顧客對推銷的產品感興趣，但與對方初次見面時卻是不可缺少的。

四、提及有影響力的第三人

告訴你拜訪的顧客，是第三者（顧客的親友）介紹你來找他的。這是一種迂回戰術，因為每個人都會「不看僧面看佛面」。所以，大多數的顧客對親友介紹來的推銷員都很客氣。

打著別人的旗號推銷介紹自己的方法，儘管很管用，但是一定要確有其人其事，不能瞎編亂編。否則，一旦謊言被戳破，結果會很尷尬。為了取信於顧客，如果能出示推薦人的名片或推薦信是最好的。

五、用產品吸引顧客

這是推銷員直接利用所推銷的產品，引起顧客的興趣和注意，進而轉入談話正題的一種接近方法。這種方法最大的優點就是讓產品做自我推銷，讓顧客接觸產品，透過產品自身的吸引力，引起顧客的注意和興趣。

六、舉著名的公司或人為例

一般人使用新產品，多少會受到其他人的影響。推銷員若能把握這種消費心理，利用名人、明星效應，也會達到良好的效果。

舉著名的公司或人為例，可以壯大產品的聲勢，尤其是當所舉例的人或企業正為顧客所熟悉、所喜歡、所敬仰或羡慕時，效果就會更為顯著。

七、問題接近法

運用這種開場白時，所問的問題必須能跟顧客的興趣直接有關，並能夠導入你的推銷活動。在運用問題接近法時，所提問題應是對方最為關心的。提問必須明確、具體，不可含糊不清，模棱兩可，否則便難以達到接近的目的。

八、好奇接近法

這是利用顧客的好奇心理來達到接近目的的方法。在與顧客見面之初，推銷員可透過各種巧妙的方法來喚起其好奇心，引起其注意和興趣，然後把話題轉向推銷品。現代心理學家表示，好奇是人類行為的基本動機之一，人們的許多行為都是由於好奇心驅使的結果。

好奇接近法正是利用了人們的好奇心理，引起買方對推銷品的關注，促使推銷面談順利進行。

九、實地操作展示

這是一種最能引起客戶注意的方法，在商品展覽會上經常使用。實地操作展示實際上是把產品的操作過程戲劇化，以增加對顧客的吸引力，使之產生興趣，為所推銷之產品號召人潮。

十、做顧客的參謀

推銷員要受到客戶的歡迎，就要經常動腦筋、出主意、想辦法，為顧客提供一些新奇的建議和想法。也就是所謂的「花招」、「點子」，這樣才會贏得顧客的尊敬。

當然了，在為顧客提供建議和想法時，如果能夠巧妙地把客戶的需要和企業本身的產品連結在一起，促成交易，就更好了。

如果你是一個優秀的推銷員，對工作本身的專業非常熟悉，那優勢就更加明顯了。因為這樣你就更容易得到顧客的尊敬與好感，還可以成為顧客的參謀。

耐心地聽取顧客的意見

著名學者查理・艾烈特說：「一點兒祕訣也沒有，專心一致地聽人講話這是最重要的，也是對人的最大尊重。」

烏托在百貨公司的專櫃買了一套衣服，很快的他就失望了：衣服褪色，把他的襯衫領子染上了色。他拿著這件衣服來到百貨公司，找到賣這件衣服的售貨員，想向他說明事情的經過，可是他並沒有做到——售貨員總是打斷他的話。

售貨員聲明說：「我們賣了好幾百套同款的衣服，你是第一個找上門來抱怨衣服品質不好的人。」

他的語氣似乎在說：「你在撒謊，你想誣賴我們。等我給你一點顏色看看。」

吵得正兇的時候，第二個售貨員走了進來，說：「所有深色的衣服剛開始穿時都會褪色，真的是一點辦法都沒有。特別是這種價位的衣服，這款衣服是經機器染過上色的並非天然的顏色。」

烏托先生差點氣得跳起來。他想：第一個售貨員懷疑我是否誠實。第二個售貨員說我買的是次級品，真氣人！

他正想準備說：「你們把這件衣服收回，隨便你們處理，我再也不會來這裡買東西了！」的時候，這個部門的負責人來了。

這位負責人很內行，他的做法改變了烏托先生的情緒，使一個被激怒的顧客變成了滿意的顧客。

這位負責人是怎麼做的呢？

首先，他一句話也沒講，聽烏托先生把話講完。其次，當烏托先生把話講完，那兩個售貨員又開始陳述他們的觀點時，他開始反駁他們，幫烏托先生說話。

他不僅指出顧客的領子確實是因衣服褪色而弄髒的，而且還強調說經銷商不應當出售使顧客不滿意的商品。

後來，他承認他不知道這套衣服為什麼會出現這種問題，並直接對烏托先生說：「您希望我們怎麼處理？我一定遵照您說的辦。」

幾分鐘前還準備把這件可惡的衣服退回給他們的烏托先生，不由自主的說：「我想聽聽您的意見。我想知道，這一套衣服以後還會不會再染髒領子，能否再想點什麼補救的辦法。」

這位負責人建議烏托先生再穿一個星期，他說：「如果仍不滿意，就把它拿回來，我們想辦法解決。請原諒，給您添了這些麻煩。」

烏托先生滿意地離開了百貨公司。七天後，衣服不再掉色了。他完全相信這個專櫃衣服的品質了。

每一個經歷過困難的人都需要別人聽他講話。每一個被激怒的顧客、每一個對工作不滿意的職員或受委屈的朋友都需要有耐心聽他講話的人。如果你想成為好的經營者，那你就應做一個善於傾聽別人講話的人。

用讚美的語言給顧客提供建議。

有一位先生帶著他的兒子去買棒球衣。人才剛踏進專櫃都還來不及開口，銷售小姐就笑迎上去：「歡迎光臨，想買哪種款式的棒球服呢？」

先生很好奇地回答：「你怎麼知道我們要買棒球服呢？」

小姐解釋道：「你一走向體育服裝專櫃，就一直盯著棒球服，況且您的兒子手中還拿著棒球呢！」

這麼一說，先生和他的兒子都很高興，興致勃勃地挑選了一套，準備付款。銷售小姐又恰到好處地多了一句：「還有配套的球鞋、長襪是不是也一起看看。」

先生經提示後覺得多買些湊成一套也不錯，於是多買了汗衫、長襪，這已經是小姐的一份功勞了。這時候小姐緘口不言，包裝完畢交付顧客，生意也算成交，可以說是比較圓滿的了。

但是這位小姐用說家常的語氣，隨口問了顧客的兒子：「小弟弟你有棒球手套嗎？」

其實顧客本沒買棒球手套的打算，顧客猶豫起來，銷售小姐十分真誠地誇讚著他的兒子是個英俊少年，穿上全新的球衣、球鞋和同款棒球手套，那才真是帥氣呢！先生聽著她的話語，欲罷不能，而同款的棒球手套已包好送到他的手裡了。

於是結果是皆大歡喜，顧客在自然輕鬆的聊天中多買了原本不打算買的球鞋、長襪和新手套，多付了錢但心裡很愉快。

這當然和銷售小姐的巧妙銷售大有關係。試想，如果銷售小姐不問不開口，不肯多講一句「廢話」，說不定這位顧客和小顧客就匆匆選了一套球衣就走了，甚至沒有中意的球衣就直接離開體育服裝專櫃。

而銷售小姐熱情親切地看準客人需求，問明顧客需要什麼，又順便介紹其他商品，並且詢問小顧客還缺什麼東西，在顧客完成原定購買計畫後又給顧客增加三項支出：球鞋、長襪和棒球手套。

言語中沒有出現「先生，看看這個吧！先生，我建議你……」「先生，你應該再買……」這樣的字眼。既沒有強迫的口吻，也沒有急於求成的促銷，這樣反而能說服顧客。

顧客的心理是商家首先應該琢磨的，然後再順應顧客心理，自然而然地暗示顧客，最後從閒聊中引領到產品的話題——多賣一些商品，多推銷一些產品，爭取並達到自己的目標。

面對顧客的疑問給予真實的答覆

曾經有一個平凡的業務員，做了十幾年的推銷工作後，突然對長期以來的強顏歡笑、編造假話、吹噓商品等招攬顧客的做法感到十分厭惡，他覺得這是生活上的一種壓力，為了要擺脫這種壓力，他決定要對人無所欺。因此，他下定決心今後要對顧客「講真話」，即使被解雇也在所不惜。

有了這種想法之後，他覺得心情輕鬆多了。從這天開始，當第一個顧客進店購物時，顧客問他店中有沒有一種可自由折疊、調整高度的桌子。於是，他搬來了桌子，如實地向顧客介紹。

他說：「老實說，這種桌子不怎麼實用，我們常常接到顧客的退貨。」

「啊！是嗎？可是到處都看得到這種桌子，我覺得它很實用。」

「也許是。不過據我所知，這種桌子不見得能升降自如。雖然它的款式新，但結構上卻有問題，如我向您隱瞞它的缺點，就等於是在欺騙您。」

「結構有毛病？」客人追問了一句。

「是的。它的結構過於複雜，過於精細，結果反倒不夠簡便。」

這時，他走近桌子，用腳去踢桌腳，本來，這只需輕輕地踩，他卻一腳狠狠的踏上去，桌面突然往上撐起，撞到那位顧客的下巴。

「對不起，我不是故意的。」

這時，客人反而笑了起來，臉上甚至露出有趣的神情。

「很好。不過，我還得仔細看看。」

「沒關係，買東西不精心挑選是會吃虧的。您看看這桌子用的木料，它的品質並非上等，桌子的貼面黏合很差，我必須坦白地說，我勸您還是別買這種桌子，您可以到別家傢俱店去看多比較，有些傢俱店桌子的款式多材質又好要比我們的好得多了。」

「好極了！」

客人聽完解說十分開心，也出乎意料地表示他想要買下這張桌子，並且要馬上取貨。

顧客一走，這位售貨員就受到了主管的訓斥，並被告知他被「炒魷魚」了，馬上要他到人事部辦理離職手續。

過了一小時，這位售貨員便動手整理東西，準備打包回家。這時，突然來了一群人，走到他面前，爭著要看多用桌，一下就買走幾十張桌子，說他們是剛才那位買桌子的客人介紹來的。

就這樣店裡成交了一筆很大的買賣。這件事也驚動了經理，售貨員不僅沒被炒魷魚，經理還主動提出要與他再續約。而且，將他的薪資提高三倍，休假時間增加一倍，還把他如實介紹商品的做法稱為新型的售貨風格，並要他繼續保持下去。

為什麼如實地介紹商品的缺點反而能夠促銷呢？因為滿足了客戶的挑剔心理。採用「示弱」的辦法推銷也是同樣的道理。

有個人很善於做皮鞋生意，別人賣一雙，他往往能賣好幾雙。在一次的談話中別人問他做生意有何訣竅，他笑了笑說：「要善於示弱。」接下去，他舉例說：「有些顧客到你這裡來買鞋子，總是東挑西揀的到處找問題，把你的皮鞋說得一無是處。

顧客總是頭頭是道地告訴你哪種皮鞋最好，價格又合理，樣式與做工又如何精緻，好像他們是這方面的專家。這時，你若與之爭論是毫無用處的，他們這樣評論只不過是想以較低的價格把皮鞋買到手。

這時，你要學會示弱，比如，你可以恭維對方確實眼光獨特，很會選鞋挑鞋，自己的皮鞋確實有不足之處，比如款式並不流行，不過卻比較耐穿，鞋底雖不是牛皮底，不能踩出篤篤的響聲，不過，柔軟一些也有柔軟的好處……你在表示不足的同時，也側面讚揚一番這鞋子的優點，也許這正是他們看中的地方，可使他們動心。

顧客花這麼大的心思不正是表明了他們其實是很喜歡這種鞋子的嗎？善於示弱，滿足了對方的挑剔心理，一筆生意很快就成功。」這就是他的妙招，示弱並不是真示弱，只不過順著顧客的思路，用一種曲折迂回的辦法來俘虜對方的心罷了。

在推銷商品的時候，善於示弱，就能夠滿足客戶的挑剔心理，一筆生意很快就能做成。

親切的交談能逐漸靠近目標

一位顧客走到玩具攤前，伸手拿起一隻聲控的玩具飛碟。

「您好！您的小孩多大了？」售貨員彬彬有禮地發出試探資訊。

「十歲。」顧客不經意的回答，卻使售貨員的話語調控中心頓時興奮起來，從反饋回來的資訊中，她確認找到了實現目的的突破點，便立即發起攻勢：「十歲，這樣的年齡正是玩這種飛碟的時候。」

她一邊說，一邊打開玩具飛碟的開關，拿起遙控器，熟練地操縱著，同時，又再次強化話語調：「玩這種飛碟玩具，可以讓孩子增強反應力與平衡感。」兩三分鐘後，介紹產品的任務完成了，果然顧客發出了新的資訊：「多少錢？」

「八百元。」

「太貴了！」

「七百元好了。」

話題轉移到了價格的議定。話語調控敏捷與否，將決定著買賣能否成功，售貨員洞悉家長的心情，為了孩子，一般家長都是不惜花錢的，於是，她又發起了新的攻勢：「跟培養孩子的反應力相比，這實在是微不足道。」她對顧客微笑著說。

售貨員機靈地拿出兩個嶄新的電池，說：「這樣好了，這兩個電池送給您。」說著，便把一個原封的遙控玩具飛碟，連同兩個電池，一起塞進購物的塑膠袋裡遞給顧客。「不用試一下嗎？」對談中又發出了新的資訊，不等顧客反饋過來，售貨員根據話題轉移又迅速調控話語：「品質絕對保證。」付款，開發票，遞上發票之後，售貨員又補充說：「如有品質上的問題，七天之內憑發票退換。」

這場營業交談，話題由介紹商品，議定價格，到品質保證，依次遞轉，環環緊扣，這中間只要有一環節調控不當，就會導致交談中斷，使原定目標無法實現。

與人交談的時候，想要更深入地瞭解對方的需要，及時地預測對方說話的心情和反應是很重要的。巧於周旋，緊緊盯住並靠近目標，步步為營，環環緊扣，這樣說話才能有效。

主動地向顧客道歉會取得更好的效果

一、主動承認自己的錯誤

商業藝術家費丁南・華倫曾採用主動承認自己錯誤的技巧，贏得了一位暴躁易怒的顧客好印象。

精確、一絲不苟是繪製商業廣告和出版刊物的最重要的品質。有些美術編輯要求他們所交代下來的任務立刻實現。在這種情形下，難免會發生一些小錯誤。

華倫先生知道，某一位美術編輯總喜歡在雞蛋裡挑骨頭。華倫離開他的辦公室時，總覺得十分不悅，不是因為他的批評，而是因為他攻擊華倫的方法。最近，華倫交了一篇稿件給這位美術編輯。美術編輯打電話給華倫，要華倫立刻到他辦公室去，他說是出了問題。當華倫到辦公室之後，正如其所料——麻煩來了。美術編輯滿懷敵意，似乎很高興有了挑剔華倫的機會。他惡意地責備華倫一大堆……

華倫沒有解釋和為自己開脫，卻誠懇地說：「XX先生，如果你的話沒錯，我的失誤一定不可原諒，為你畫稿這麼多年，該知道怎麼畫才對。我覺得慚愧。」

不料美術編輯卻立刻開始為華倫辯護起來：「是的，你的話並沒有錯，不過畢竟這不是一個嚴重的錯誤。只是……」

華倫打斷了他，說：「任何錯誤的代價可能都很大，叫人不舒服。」

美術編輯試圖插嘴，但華倫不讓他插嘴，繼續說：「我應該更小心一點才對。你給我很多的工作機會，照理應該使你滿意，因此我打算重新再查一次。」

「不！不！」美術編輯立即反對起來，「我不想那樣麻煩你。」接著，他讚揚華倫的作品，告訴他只需要稍微修改一點就行了，又說：「一點小錯誤不會花他公司多少錢；畢竟，這只是小節——不值得擔心……」

華倫非常謙卑地批評自己，使美術編輯怒氣全消。結果他邀請華倫同進午餐，分手之前他給了華倫一張支票，又交代華倫另一件工作。

二、使自己的語言貼近對方的心理

一位消費者怒氣衝衝地拿著一雙有品質問題的皮鞋來到鞋店。正巧遇上鞋廠行銷人員到經銷商實地瞭解鞋子的銷售情況，他聽完這位消費者的申訴後，馬上說了一句：「這樣的鞋子我買了也會氣成你這樣。」這句話使那位消費者火氣消了一半，由先前堅持退貨到後來答應換另一雙。

三、替下屬說「對不起」

一位顧客向商店老闆戴爾投訴，某位售貨員十分無禮，毫無責任感，請他給個公道。戴爾立刻替下屬道歉：「對不起，她平時的表現不是這樣，這兩天心情不太好。保證以後不再有同樣的事情發生。請多多包涵。」顧客見老闆這麼客氣，就消了氣，下屬也對老闆十分感激。

四、用「戴高帽子」封住對方的嘴

古時候，有位理髮師給宰相理髮，修面修到一半時，停下刮刀直眼注視著宰相的肚皮。宰相見此，心中納悶，問道：「你看我的肚皮幹什麼？」

理髮師說：「人說宰相肚裡能撐船，我看大人的肚皮並不大，怎能撐船呢？」

宰相一聽，哈哈大笑：「那是說宰相的肚量大，對一些小事從不計較。」

理髮師聽到這話，「撲通」一下跪下：「小人該死，方才修面時不小心把您的眉毛刮掉了。大人您的肚量大，還請恕罪。」

宰相一聽，儘管很生氣，也只得裝作寬宏大量的說道：「算了，拿筆來，把眉毛畫上吧！」

五、幽默地化解別人的不滿

一個冬晨，郊區開來的火車到站時又晚了二十五分鐘，一位常遇見這種情形的旅客問列車長，這次又是什麼緣故。

列車長說道：「碰到下雪，火車總難免誤點的。」

旅客說：「可是今天並沒有下雪啊！」

列車長說道：「沒錯，可是，根據天氣預報今天會下雪。」

雖然列車長並未回答旅客的問題，但聽了列車長幽默的話，旅客再也生不起氣來了。

如果你是一個商店的老闆，顧客東翻西摸，幾乎整個店的貨都翻出來了。結果顧客非但不買，而且還冷言冷語，批評這個，批評那個。如果這時你能夠笑著說：「對不起，實在很抱歉，沒有什麼充足的貨色讓您挑選。請多包涵；請多照顧，希望下次您再光顧的時候能有好一點的貨色讓您滿意……請慢走。」在大多數情況下，你將會贏得一位忠實的顧客。

Chapter 7

讓你
說話不白目

找出問題的關鍵

在德國某電子公司的一次會議上，公司經理拿出一個他設計的商標徵求大家的意見。經理說：「這個商標的主題是『旭日』，這個『旭日』很像日本的國徽，日本人見了一定樂於購買我們的產品。」

營業部主任和廣告部主任都極力恭維經理的構想，但年輕的銷售部主任卻說：「我不同意這個商標。」

經理聽了感到很吃驚，全室的人都瞪大眼睛盯住他。公司經理詫異地問：「你覺得這種設計不好嗎？」

銷售部主任沒有和經理爭論那個帶小圈圈的設計是否美觀，而是說：「我是怕它太好了。」

經理感到納悶，臉上卻帶著笑容說道：「你的話讓我難以理解，可否解釋來聽聽。」

銷售部主任馬上抓住了關鍵問題，鄭重地說：「這個設計與日本國徽很相似，日本人會喜歡；然而，我們另一個重要市場——中國的人民，也會想到這是日本國徽，他們就不會引起好感，這不是和本公司要擴展對華貿易計畫相抵觸嗎？這顯然是顧此失彼了嘛！」經理滿意地點了點頭。巧妙的話語雖只有幾句，卻勝過長篇大論。

清朝時，滄州有個姓劉的秀才。他「兩耳不聽窗外事，一心唯讀聖賢書」。成天埋頭在書堆裡，極少出門，也不與別人來往。劉秀才遇事不問青紅皂白，只要書上提到的，他就照辦；書上沒有的，他就認為是歪門邪道，一概否定。當然，劉秀才讀的都是經典著作，這些書裡確實有許多很有教益的道理。

劉秀才十年寒窗，學了很多的學問，但除了讀書之外，沒有什麼正當職業。有一段時間，他對軍事發生了興趣，很想當個軍事家。於是，他就買來幾部著名的兵書，學起兵法來。

劉秀才學習非常認真，整整一年，他足不出戶，整天埋頭在《孫子兵法》之類的兵書裡。一年之後，這幾部兵書已被他讀得爛熟，幾乎可以倒背如流了。

當時，正逢一場戰爭，某個將軍聽說劉秀才精通兵法，就把他請去當軍師。

劉秀才每逢戰事，必將隨身攜帶的兵書拿出來，「這個這個，那個那個，書上說的如何如何……」不料，第一仗打下來，部隊就被敵人打得損兵折將，他自己差點也送了命。

將軍指責他時，他還說：「這是書上所說，難道書還會錯嗎？」

那個將軍很生氣，就下令將劉秀才處以斬刑，劉秀才委屈地呼冤道：「我照書上說的去做，決不會錯，除非我們打錯了仗！」

那個將軍說：「動搖軍心，損兵折將者斬，這也是兵書上說的，難道書還會錯嗎？」

在為自己的錯誤進行辯護的時候，秀才的論據就是「兵書上說的」，將軍以同樣的理由處罰他，秀才自然有口難辯。

掌握了問題的關鍵，對症下藥，才是說話技巧的重點。

反駁別人的技巧

一個吝嗇的老闆叫夥計去買酒，夥計向他要錢，他說：「用錢買酒，這是誰都能辦到的；如果能不花半毛錢買酒，那才是有本事的人。」

一會兒夥計提著空瓶回來了。老闆十分惱火，責罵道：「你讓我喝什麼？」夥計不慌不忙地回答說：「從有酒的瓶裡喝到酒，這是誰都能辦到的；如果能從空瓶裡喝到酒，那才是真正有本事的人。」

顯然，老闆想不花錢喝酒的言行是不適當的，而如果夥計不知如何機智應對的話，或者可能遭到老闆的嚴厲斥責，或者自己貼錢給老闆喝酒。

在現實生活中，反駁別人的不適當言行可採用以下這些技巧：

一、比對方更荒謬

一位記者向薩伊總統蒙博托說：「你很富有。據說你的財產達三十億美元！」

顯然，這一提問是針對蒙博托本人政治上是否廉潔而來的。對於蒙博托來說，這是一個極其嚴肅而易動感情的敏感問題。

蒙博托聽了後發出長時間的哈哈大笑，然後反問道：「一位比利時議員說我有六十億美元！你聽到了吧？」

記者的提問顯然是認為薩伊總統蒙博托不廉潔，但並沒直說，而是用引證的方式來委婉表達的，蒙博托如果發脾氣正言厲色地駁斥，則既有失風度體統，又有「此地無銀三百兩」之嫌；心平氣和地解釋恐怕也行不通，謠傳的事情能夠三言兩語澄清真相嗎？

於是蒙博托除了用「長時間的哈哈大笑」這種身體語言表示不屑一顧外，還引用一位比利時議員的話來反問記者，似乎是在嘲弄記者的孤陋寡聞，但實際上是以更大的顯然是虛構的數字來間接地否定了記者的提問。

二、委婉點提醒

十九世紀義大利著名歌劇作曲家羅西尼對自己的創作非常嚴肅認真，非常注意獨創性，對那些模仿、抄襲行為深惡痛絕。

有一次，一位作曲家演奏自己的新作，特意請羅西尼去聽他的演奏。羅西尼坐在前排，興致勃勃地聽著，一開始聽得蠻入神的，繼而有點不安，再而臉上出現不快的神色。

演奏者按其章節繼續演下去，羅西尼邊聽邊不時把帽子脫下又戴上，過一會，又把帽子脫下，又戴上，這樣，脫下戴上，戴上又脫下，接連好幾次……

那位作曲家也注意到了羅西尼的這個奇怪的動作和表情，就問他：「這裡的演出場地不好，是不是太熱了？」

「不，」羅西尼說，「我有一見熟人就脫帽的習慣，在閣下的曲子裡，我碰到那麼多熟人，不得不頻頻脫帽了。」

藝術貴在獨創，這樣才能形成帶有個性特徵的風格乃至形成流派；抄襲與模仿，則只能在藝術巨匠的濃蔭中苟且偷生，毫無建樹。因此，要反對一味的模仿，更要杜絕抄襲行為。羅西尼對模仿、抄襲行為的深惡痛絕也概源於此。

然而，直接的指斥恐怕會使對方十分難堪，羅西尼便用身體語言及其說明（一見熟人就脫帽的習慣）來委婉地表示：「在閣下的曲子裡我碰到那麼多熟人」，言外之意是你抄襲了他們的作品。雖然沒有明說，那位作曲家的臉一定會漲得通紅！

三、針鋒相對

有一位女作家寫完了一部長篇小說，經過發表後引起轟動，一時成為最暢銷的熱門書籍。有個評論家曾向女作家求婚遭到拒絕，懷恨在心，經常在評論中旁敲側擊地貶低這個女作家的才能。有一次文學界舉行聚會，許多人當面向女作家表示祝賀，稱讚其作品的成功。女作家一一表示感謝。忽然那位評論家從眾人中，擠到前面，大聲向女作家說道：

「您這部書的確十分精彩，但不知您能否透露一下祕密：這本書究竟是誰替您寫的？」

女作家還陶醉在眾人的讚揚聲中，冷不防他竟會提出這樣的問題，就在她一愣的剎那，已有人在偷偷的笑了。女作家立即冷靜下來評估了情勢，做問題以外的爭吵於自己不利，她馬上鎮靜下來，露出謙和的笑容，對評論家說道：

「您能這樣公正恰當地評價我的作品，我感到十分榮幸，並向您表示由衷的感激！但不知您能否告訴我，這一本書是誰替您讀的呢？」

評論家的問話，用意十分明顯。而女作家的反問，同樣針鋒相對，潛臺詞是說，你從來不認真讀別人的作品，所作的評論無非信口雌黃。連書都不讀的人，有什麼資格作評論！巧妙的反問，使評論家陷入了十分狼狽的處境。

這針鋒相對的反詰，使對方無言以對，討了個沒趣，滿臉窘態。

四、運用幽默的力量

有時候我們在工作或生活中需要肯定地表達自己的觀點。我們在受到某種不合理的阻撓或不公正的待遇時，不妨哇哇叫幾聲，這也是在運用幽默的力量。

當問題已經十分明顯，這時再堅持「多一事不如少一事」，就是懦弱的表現。

有一家公司的餐飲部，菜色很差，收費昂貴。員工們經常抱怨吃得不好，甚至也謾罵餐廳負責人。有一回一位員工買了一份餐點後叫起來，他用手指捏著一條魚的尾巴，把它從盤子中提起來，對著餐廳的負責人喊道：「先生，你過來問問這條魚吧，它的肉上哪兒去啦？」

另一位職員要的是香酥雞腿，但他發現沒有雞腿，於是他也叫起來：「上帝啊！這隻雞沒有腿！它是怎麼跑到我這兒來的呢？」

同樣，當別人妨礙你的工作時，你也可以提高嗓門回敬他一個幽默。

有一位女乘客不停地打擾司機，車子每行一小段路程，她就提醒他，說她要在某個地方下車。司機一直很耐心地聽著，不吭聲。後來女乘客大叫：「你不說話，我怎麼知道要下車的地方到了沒有！」

司機也叫起來：「那你就看我的臉吧！我的臉笑開了，你就下去吧！」

著名電影導演希區考克有一次拍攝一部鉅片。這部鉅片的女主角是個大明星，大美女。可是她對自己的形象「追求完美」，不停地嘮叨攝影機的角度問題。

她一再對希區考克說，務必從她「最美的角度」來拍攝，「你一定得考慮到我的懇求。」

「抱歉，我做不到！」希區考克大聲說。

「為什麼？」

「因為我沒辦法拍到妳最美的角度，因為妳正把它壓在椅子上！」

在和不喜歡的人相處的時候，運用幽默的力量，既能巧妙地表明自己的態度，又能避免造成過分尷尬的局面，傷害彼此的感情。

談判中應該注意的細節和關鍵

在具有合作性質的談判中，應該把雙方遇到的共同問題看做是最大的困難，具體地說，就要把雙方的衝突看作是一個有待解決的困難。

為此，在談判中，不宜把自己的目的規定得過於單一。因為若把焦點只設定在一個點上（如價錢），就會出現南轅北轍、無法協調的情況。有時，最後談成的結果雖然沒有達到預定的要求，但卻為以後的談判和擴大合作打下了基礎。

商業談判中，最易引起關注的往往是價錢因素，而其他一些因素，諸如服務、產地、品質、包裝之類，卻往往容易被忽略。

其實，這些也是構成了商品的需求因素。

既然談判的需要是由多種因素組成的，因此，在達不到某種需要時，還可以在其他方面得到滿足，這樣可以協調雙方的需要，使大家都得到滿足。因此，商業談判時，為了達成雙贏的結果，應注意以下幾點：

談判開始時，應適當說明我方狀況，要果斷地說：「我需要你幫助我解決這個難題，因為目前我還沒有更好的方法。」這種話充滿合作性，也表現出一種強烈的熱忱，不會立刻使對方對立起來。

特別注意對方待人的特點，即使對方有些令人討厭之處，你在接近他時若能表現出積極的期待，往往會使對方解除武裝。儘量從對方的觀點看問題，特別注意凝神靜聽。對方說話時，別讓自己做出相反的結論。在答覆對方時，避免用絕對的語氣。

試著在回答前先說：「我所想的可能就是我聽你曾經說過的……」這種委婉的語氣，將你的善意釋出，將摩擦減到最小限度。

對於某些暫時無法緩和的衝突，在互相信任的前提下，多提幾種方案，直至雙方的需要都得到某種程度的滿足。

在遇到衝突的時候，最重要的是首先要瞭解彼此雙方衝突的關鍵點是什麼，如果能找出這個關鍵點，才有可能打破僵局。任何情況下都不要當眾人的面去斥責對方，即使你是正確的，你都必須儘量避免。這既是為了對方，也是為了你自己。

當一些問題無法立即解決時，應權衡利弊，適當地做出某些妥協；而當事態有所發展時，則應重新提出原則性的意見。這是一種前進的策略。

模糊的語言能夠為你爭取到利益

一般情況下，當一個人不想讓對方知道自己的真實意圖、對自己的看法沒有肯定的把握和信心的時候，常會說出一些模棱兩可的話來。如果評論完某個人或某件事，闡述一個觀點以後，就會加上「不過，有時也會……」這一類的話，以便防止自己的看法一旦不符合事實時有台階可下。

如果不牽扯到什麼利益衝突，我們對這種表達方法是會很反感的，不肯定也不否定，讓人覺得他「無所定見」。但是，一旦擺到談判桌上，它的作用就大了。

政治家們幾乎都是這方面的能手，他們會把事物的兩面性巧妙地融進自己的語言，因而，我們經常能在電視或新聞中領受這樣的外交辭令：「這個問題非常重要，應慎重考慮，我們願為此做出積極的努力……」這樣的回答，在你弄不清其現在到底考慮得怎樣又做得怎樣的時候，對方已經作了「圓滿」的答覆了。這是模糊語言的妙用。

在商場上亦是如此。商務談判中有時會因某種原因不便或不願把自己的真實思想暴露給別人，這時就可以把你輸出的資訊「模糊化」，以便既不傷害別人，又不使自己難堪。特別是在以下場合，模糊語言會有奇效：

一、對方要求你表態，而你認為時機未到

你可以這樣回答：「可以，待我向董事會通報一下情況後，我將以最快的速度轉告貴方。」表面上是答應了，而事實上是否定了，雖然「以最快速度」給人以率直、爽快的感覺，實際上那時說不定又有若干以董事會名義提出的意見反饋回來，這全看己方的實際需要。

二、試探對方，激發對手情緒

對方越想知道你的態度，你就越用模糊不清的回答或故意曲解他的意思，迫使他不厭其煩或不勝其煩地申述他的原意，使其情緒波動，暴露出更多的真實意圖。

三、保護自己不受對方牽制或駕馭

談判中為了防止對方限定己方的答話範圍，常常得跳出圈外，也可採用模糊語言加以應付。比如：賣方問及對價格條件的選擇時，買方為了防止過早被固定話題，作了這樣的回答：「是採用離岸價格（FOB）還是到岸價格（CIF），各有優劣，我們將認真比較，研究對待，爭取盡早給貴方答覆。」這種用積極的態度和模糊語言相結合的表達方式所構成的防線，一般很難讓對方打開缺口。

四、拒絕對方的意見

用模糊語言，表示不同意見，既不致使雙方難堪，又可以達到拒絕對方的目的。比如：當對方陳述完畢之後，己方可以這樣說：「也許你這樣做是對的，不過，我們最終仍然無法肯定……」或者可以這麼說：「基本上我們贊同你的看法，但是，我們畢竟各自代表著自己公司的利益，你說是嗎？」這種表達既給對手以一定的肯定，不至於危及談判的順利進行，又否定了對手的意見，還給對手以合作的、建設性的、抱有誠意的態度，這種效果不是簡單地反駁或拒絕所能達到的。

五、干擾思維，轉移視線

在談判進程中，利用體力消耗帶來的注意力鬆懈和戒備心理進入低潮的時候，可用模糊語言將對己方不利的問題暫時轉移或促使對方進入設計好的疑問中苦思答案。

某公司與這一地區的幾家供貨廠商都有業務關係。一次，和其中一家談判時，價格問題久爭不下。這時，公司談判人員突然拋出一個新問題：「據傳，貴公司把附近幾家工廠的散裝水泥按出廠價收購，然後再重新包裝銷售給我們，有這麼回事嗎？」

「哪有這回事。」

「哦，外面有這種說法，我們想證實一下。」

「這不可能吧?廠裡的事我們不會不知道呀!」

「我們也不相信貴公司會這樣做……」

雙方順著這件事談開了，一方表示「將信將疑」，另一方則賭咒「這絕不可能」，等買方說「時間不早了，讓我們輕鬆一下，明天再談」的時候，他們的目的已經達到了。下次再談的時候，賣方心理無形中多了一個干擾信心的負擔。

模糊語言在刺探情報、拖延時間以及對以後發生的事情推卸責任等方面都有獨到的作用，應在商務談判中注意挖掘。

沈默的態度會讓對方不知所措

在商業活動或私人的交際中，適時沈默也許是最好的選擇之一。

一個印刷業主得知另一家公司打算購買他的一台舊印刷機，他感到非常高興。經過仔細核算，他決定以二百五十萬美元的價格出售，並想好了理由。當他坐下來談判時，內心深處彷彿有個聲音在說：「沈住氣。」終於，買主按捺不住，開始滔滔不絕地對機器進行褒貶，賣主依然一言不發。

這時買主說：「我們可以付您三百五十萬美元，但一毛錢也不能多給了。」不到一個小時，買賣成交了。

在日常交往中，沈默往往會給你帶來益處。在某些場合，沈默不語可以避免失言。我們許多人在缺乏自信或極力表現得禮貌時，可能會不假思索地說出不恰當的話，從而給自己帶來麻煩。有時候說話不經思考，即使言者無心，也會產生嚴重後果。一天深夜，哈樂德回家時誤入了隔壁鄰居家，他感到非常的愚蠢，便自我解嘲地說：「我好像聽見裡面在慶賀什麼。」客廳裡頓時出現一片尷尬的沈默。事後，哈樂德的妻子告訴他，鄰居家的太太剛剛小產。哈樂德說：「現在，即使是情況萬分緊急，我也要靜思慎言。」

適時地保持沈默不僅是一種智慧，而且也有實際的好處。常言道：「沈默不會使人後悔。」

一位女士的經驗證明了這點，她告訴我們：「當我們第一個孩子出世時，我丈夫由於工作繁忙，對我和孩子疏遠了，這樣經過了幾周以後，我感到筋疲力盡，並想大發雷霆。一天我給他寫了封充滿怒氣的信。然而不知為什麼我沒把信給他。第二天，丈夫提出要給嬰兒換尿布，並且說：『我想我現在應該學會做這些事了。』儘管我不知道他為什麼會改變想法，但還是非常高興地把信撕了，並暗自慶幸我給了他時間。一場爭吵就這樣避免了。此後，他一直對我很好。」

我們往往不善於等待，而等待往往是適用於各種情況的一種策略。有時片刻的沈默會產生出奇特的效果。

耶誕節後大特賣期間，瑪麗安去退貨。櫃檯前擠滿了顧客。瑪麗安要求退錢，售貨員正忙得不可開交，告訴她衣服售出概不退換，然後就去為其他顧客服務了。瑪麗安一聲不響地拿著衣服在櫃檯前等候。

十分鐘後，售貨員又走了過來，瑪麗安面帶微笑，依舊在等待。售貨員也只顧在櫃檯前忙碌，瑪麗安還是沈默不語。又是幾分鐘過去了。這時，售貨員什麼也沒說，拿起衣服走了。大約三分鐘後，她回來了，而且，還帶著錢！瑪麗安的耐心和溫文爾雅的沉靜得到了回報。如果她大吵大鬧的話，也許什麼也得不到。

當然有時候開口說話也很重要，例如：打抱不平、安慰朋友、解釋誤會。在這種時候，我們必須開口，但重要的是要找到恰當的話。這時，片刻的沉思使你說出的話更準確、更有效。

米西爾的祖父母是猶太人，死在納粹集中營。去年，兩位不瞭解米西爾身世的朋友抱怨他們的兒子和一個猶太人結婚了，並拒絕見他們的兒媳，這使他們的兒子感到非常痛苦。米西爾非常珍惜朋友之間的友誼，但他們偏激的想法又使她極不愉快。經過權衡，米西爾直言不諱地告訴他們：「我為我的猶太祖先感到自豪，而你們的做法使我感到遺憾。你們的觀點使我非常不愉快。」

米西爾的朋友大吃一驚，向她道了歉，並把她的話記在心裡。沒過多久，他們就和兒媳和好了。

研究談話節奏的學者們認識到，有張有弛地談話在人際交往中至為重要。《談話的藝術》的作者、心理學教授格瑞德・古德曼解釋說：「沈默可以調節說話和聽講的節奏。沈默在談話中的作用就相當於○在數學中的作用。儘管是『○』，卻很關鍵。沒有沈默，一切交流都無法進行。」

正確的交流是由兩方面構成的：既被人關注，又關注別人。安靜、專心地傾聽會產生強大的魔力，使談話者更加心平氣和、呼吸舒暢，連臉部和肩部都放鬆下來。反過來，談話者也會對聽眾表現得更加溫和。

當你發怒、焦慮或自己想大發雷霆時，請你喝上一杯水或是握著自己的雙手，然後露出你的微笑。這種簡單的方法或許可以幫助你控制住情感。過去，心理學家常常認為我們應該把事情講出來，告訴別人，但人們逐漸發現在與別人的交往中有時更需要忍耐和沈默。

我們必須認識到沈默與精心選擇的話語具有同樣的表現力，就好像音樂中的音符與休止符一樣重要。沈默會產生更完美的和諧、更強烈的效果。

先入為主，巧妙地瞭解對方的目的

為了更好地獲得良好的提問效果，探尋到談判對方的實際需求和真正意圖，談判者應努力提高發問的藝術：

一、預先準備好問題，把握發問的時機

在步入談判會場以前，談判者應將談判中應提的問題事先列出來，尤其是一些對方不能夠迅速想出適當答案的問題，以期收到出其不意的效果。

有時可以先提些比較容易回答而實質上與後面比較重要的問題相關聯的問題，等對方思想比較鬆懈時，突然轉入某一個重要的問題，使對方在措手不及的時候洩了底。對這個重要問題的某些方面，他可能在回答前面那些似乎無關緊要的問題時已經說了出來。

二、注意發問的速度和頻率

談判者應該用正常速度發問，太急，易給對方留下不耐煩或審訊感的印象。

談判不是法庭上的審問，應該心平氣和地提出問題。否則，會招致對方敵對、反感的情緒，破壞談判的氣氛，當然，發問速度亦不能太慢，否則，會令對方疑惑或感到沉悶。

在談判中，不宜重複、連續不斷地提問。這會導致對方厭倦、乏味而不願回答，即使回答也是馬馬虎虎，甚至答非所問。

三、不可搶著提問，給對方充足的回答時間

在提出問題後應閉口不言，等待對方回答，最好不要同時提出一連串問題，讓對方無所適從，不好作答。提出問題後閉口不言，雙方處於沈默之中，這會讓對方有一種無形的壓力。你不再言語，對方就必須以回答問題來打破沈默，這樣，打破沈默的責任就由對方承擔了。

談判者應等對方將問題表述完畢再提問。這是禮儀上的基本要求，也有助於全面理解對方的意圖，以便下一步更恰當準確地發問。

四、提問態度要誠懇，避開各種帶有敵意的問題

發問前應先取得對方同意，尤其是向陌生的談判者或大人物提問題時更應如此。對於敏感問題，發問前應先做解釋或先打招呼，以免不妥。態度誠懇，會使對方樂於回答，也利於談判者彼此感情上的溝通。

談判者應盡力避開各種帶有敵意的問題，如直接指責對方信譽的問題、表現自己的問題等。否則會不利於談判雙方之間的真誠合作，大傷感情。

五、對方一時不願回答的問題不要追根究底，以免造成僵局或大衝突

對於這種問題，可以將它分解為許多小問題，透過旁敲側擊的辦法瞭解對方的意圖。或者可以換一個角度，來激發對方回答問題的興趣。也可以先將這一問題擱置下來，等待有利的時機再發問。

有關發問的種種技巧，用意在提高談判者透過發問來把握對方真實需要的能力，它不應該成為談判者發問僵死的教條。

▶ 不熟是要聊什麼？：7個不讓人抓狂的溝通術（讀品讀者回函卡）

■ 謝謝您購買本書，請詳細填寫本卡各欄後寄回，我們每月將抽選一百名回函讀者寄出精美禮物，並享有生日當月購書優惠！
想知道更多更即時的消息，請搜尋"永續圖書粉絲團"

■ 您也可以使用傳真或是掃描圖檔寄回公司信箱，謝謝。

傳真電話：(02) 8647-3660　　信箱：yungjiuh@ms45.hinet.net

◆ 姓名：　　　　□男　□女　　□單身　□已婚

◆ 生日：　　　　□非會員　　□已是會員

◆ E-Mail：　　　　電話：(　)

◆ 地址：

◆ 學歷：□高中及以下　□專科或大學　□研究所以上　□其他

◆ 職業：□學生　□資訊　□製造　□行銷　□服務　□金融
□傳播　□公教　□軍警　□自由　□家管　□其他

◆ 閱讀嗜好：□兩性　□心理　□勵志　□傳記　□文學　□健康
□財經　□企管　□行銷　□休閒　□小說　□其他

◆ 您平均一年購書：□ 5本以下　□ 6～10本　□ 11～20本
□ 21～30本以下　□ 30本以上

◆ 購買此書的金額：

◆ 購自：　　　　市(縣)
□連鎖書店　□一般書局　□量販店　□超商　□書展
□郵購　□網路訂購　□其他

◆ 您購買此書的原因：□書名　□作者　□內容　□封面
□版面設計　□其他

◆ 建議改進：□內容　□封面　□版面設計　□其他

您的建議：

剪下後傳真、掃描或寄回至「22103新北市汐止區大同路三段194號9樓之1讀品文化收」

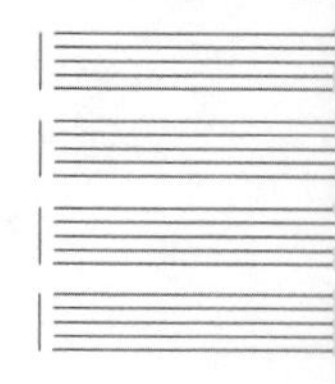

廣　告　回　信
基隆郵局登記證
基隆廣字第 55 號

221-03

新北市汐止區大同路三段 194 號 9 樓之 1

讀品文化事業有限公司　收

電話/(02)8647-3663　傳真/(02)8647-3660

劃撥帳號/18669219　永續圖書有限公司

請沿此虛線對折免貼郵票或以傳真、掃描方式寄回本公司，謝謝！

讀好書品嘗人生的美味

不熟是要聊什麼？7個不讓人抓狂的溝通術